ちくま新書

昭和史講義【戦前文化人篇】

筒井清忠 編
Tsutsui Kiyotada

1421

昭和史講義

戦前文化人篇

【目次】

まえがき　筒井清忠　009
昭和戦前の文化を扱う困難性――転向の問題／それぞれの人の立場を理解すること／本書の特色

第1講　石橋湛山――言論人から政治家へ　牧野邦昭　019
石橋湛山の多面性――評論家、エコノミスト、政治家／湛山の思想の形成／言論人としての活躍と政治的活動への関与／エコノミストとしての活躍／「小日本主義」の挫折／ネットワークの「ハブ」としての湛山／戦後に向かって／政治家への転身

第2講　和辻哲郎――人間と「行為」の哲学　苅部　直　037
和辻哲郎の墓／普遍性と特殊性／多様性とデモクラシーの伝統／「人間の学」の意味

第3講　鈴木大拙――禅を世界に広めた国際人　佐々木　閑　051
貧しくも恵まれた少年期／国際的仏教者への道／悟りの体験／『大乗起信論』との出会い／「霊性」の確信／「霊性」とはなにか／釈迦の教えと鈴木大拙

第4講　柳田国男――失われた共産制を求めて　赤坂憲雄　069
都市と農村とを繋ぐために／原始共産制としてのユイ／山野河海と生存権のかかわり／椎葉村の社会主義について／大いなる精神的所産として

第5講　谷崎潤一郎――「今の政に従う者は殆うし」　千葉俊二　085
関東大震災後の谷崎／〈痴人〉の系譜／「春琴抄」の達成／「源氏物語」の現代語訳／「細雪」から晩年の問題作へ

第6講　保田與重郎――「偉大な敗北」に殉じた文人　前田雅之　101
保田における戦前と戦後／「偉大な敗北」への階梯①――古典愛と創作「やぽん・まるち」／「偉大な敗北」への階梯②――朝鮮体験とドイツ・ロマン主義受容／「偉大な敗北」の確立と発展――「セント・ヘレナ」から『後鳥羽院』へ

第7講　江戸川乱歩――『探偵小説四十年』という迷宮　藤井淑禎　117
乱歩の生涯／『探偵小説四十年』／「貼雑年譜」／『探偵小説四十年』と執筆時期問題／スランプ／統制強化／町会に参加／戦争協力問題／「偉大なる夢」／探偵小説復活

第8講　中里介山――「戦争協力」の空気に飲まれなかった文学者　伊東祐吏　135
忘れられた『大菩薩峠』／社会主義との出会い／大逆事件の衝撃／『大菩薩峠』の誕生／『大菩薩峠』とは何か／理想郷の建設をめざして／文学報国会への入会拒否

第9講　長谷川　伸――地中の「紙碑」　牧野　悠　151
苦労人の大衆作家／股旅物から歴史小説へ／「文筆報国」と後進の育成／防空壕のスーツケース／師と弟子たちの戦後

第10講　吉屋信子――女たちのための物語　竹田志保　169
現在の吉屋信子イメージ／作家としての出発／流行作家へ／日中戦争下の活動／太平洋戦争下の活動／戦後から晩年まで

第11講　林　芙美子――大衆の時代の人気作家　川本三郎　187
昭和と共に生きた作家／行商人の子として／震災後を女ひとりで生きる／『放浪記』ベストセラーに／「女流一番乗り」の従軍作家／困難な時代の中で／「明るい戦後」の裏通りを描く

第12講 藤田嗣治――早すぎた「越境」者の光と影　林 洋子　203
森鷗外とのつながり――陸軍軍医ファミリーという出自／「昭和」と藤田／日中戦争前後の日本で／太平洋戦争に直面する／終戦後の二〇年――母国から離れて／昭和文化史上で果たした役割

第13講 田河水泡――「笑い」を追求した漫画家　萩原由加里　223
田河水泡とは／軍隊生活から芸術家の道へ／「笑い」の世界へ／「のらくろ」の大ヒット／漫画としてみた「のらくろ」の斬新さ／「のらくろ」の終焉と戦後の復活

第14講 伊東忠太――エンタシスという幻想　井上章一　241
エンタシスがそだてた夢／コスモポリタニズムと日本回帰／鮮卑からは目をそむけ／幻想の根っこには

第15講 山田耕筰――交響曲作家から歌劇作家へ　片山杜秀　257
「日本のシューベルト」の意味するところ／「耕筰調」の浸透力／日本語歌劇の確立へ／器楽作曲家のパイオニアを志す／実り多きベルリン留学／行きすぎた西洋近代派／アメリカから帰国後の「傑作の森」／再評価されるべき作曲家

第16講　西條八十――大衆の抒情のために生きた知識人　筒井清忠　279
詩人としてのデビューまで／白秋・雨情・八十の童謡運動／詩壇から歌謡曲界へ／三大童謡詩人が新民謡運動へ／最大の流行歌『東京音頭』を作詞／日中戦争と従軍体験／太平洋戦争と『同期の桜』／生命の燃焼感を表現する／知識人としての生涯とその役割

編・執筆者紹介　299

凡例
＊各講末の「さらに詳しく知るための参考文献」に掲載されている文献については、本文中では（著者名　発表年）という形で略記した。
＊表記については原則として新字体を用い、引用史料の旧仮名遣いはそのままとする。

まえがき

筒井清忠

†昭和戦前の文化を扱う困難性――転向の問題

読者は意外に思われるかもしれないが、昭和戦前の日本文化全体についてのまとまった本はない。南博・社会心理研究所『昭和文化　1925―1945』（勁草書房、一九八七）は先駆的・例外的なものだが覆っている領域に限りがあり、「文化」と言いながら例えば思想や文学が全く扱われていないので読者は面食らうだろう。このように昭和戦前の日本文化全体についてのまとまった本はないのだが、なぜないのか。ここから説明していかねばならないであろう。

昭和前期の大学やマスメディアにいた多くの文化人・知識人を捉えた最大のものはマルクス主義もしくはそれを含む広い意味での左翼的なものであった。思想・文学はもちろん映画・演劇・美術などあらゆる文化領域にそれは及んだ。当時それは「傾向文学」「傾向映画」などとも呼ばれたものであった。それは世界観・歴史観全体に及ぶもので一挙的に弱者の立場から世界を変えると主張しているので現在に比べれば格段に格差の強い社会であった当時非常に強い影響力を発揮したのだった。

また、少し立場を変えて見ると、当時の雑誌などによってすぐわかるが高等教育の普及により増大化した知識人・学生層に購買者の多い左翼的立場のものでなければ売れず商業的に成り立たなかったので当然そういうものばかりになったともいえよう。こうして高等学校などでは反学校のストライキなどが頻発し文部省はわざわざそれに対抗するための国立の研究所まで作ったほどであった。

しかし、満州事変の頃から雲行きは変わっていき、だんだん左翼は多くの国民の支持を受けにくくなり「転向」が言われるようになっていった。そこにはもちろん権力による弾圧という面も強くあったが、当時の左翼的革命の運動の多くはソ連を支援したりまた支援されたりしたそれであり、ソ連では当時スターリンの独裁体制下で数百万の死者が出る圧政が行われていたのだった。

こうして左翼は衰退し、対外危機の中ナショナリズムの動きが強くなり、日中戦争が始まりさらに太平洋戦争にまでなると、昭和の初めに左翼化していた文化人・知識人はほとんどが転向し、戦争に協力する立場をとることになった。戦争協力の度合いは様々であったが、いずれにせよ多くの文化人・知識人は軍国主義的立場をとることになったのだった。

その場合、先述のように弾圧ということもあるが、多くの知識人は、戦争を支持するもしくは支持せざるを得ない国民から孤立したくないという意識から転向するケースが圧倒的に多かったように見られる。すなわち、多くの国民が戦争に従事し犠牲を払っているのにそれに反対するというのはむずかしく孤立感を増すばかりで抵抗しにくかったように思われるのである。同調主義圧力の非常に強い社会だったともいえよう。

そして、敗戦となった。軍国主義は否定され、「平和と民主主義」の時代が訪れた。するとまたほとんどの文化人・知識人は転向し今度は反軍国主義・民主主義・社会主義等の立場をとることになった。また左翼的なものが復活することになったともいえる。言い換えれば、占領軍によるパージなどもあり、そうしたものでなければ社会的地位は得られず、雑誌なども商業的に成功するわけもなく多くの文化人・知識人はその立場をとることになったわけである。

こうして通観してみると、この時代を生きた日本の文化人・知識人の多くはまれに見る大変な時代を経験したものだとあらためて思う。明治維新の時の変化も大きかったが、それでもその時代を生きた人は二つの時代を生きたのであって、三つの時代を生きたわけではないから、その変化のすさまじさが理解されよう。

繰り返すが、この三つの時代に、それぞれの時代の主調的イデオロギーに抗した数少ない例外的な人もわずかにいることはいたが（戦前左翼に抗し戦中軍国主義に抗した人、戦中軍国主義に抗し戦後左翼に抗した人）、ほとんどの人は時代に合わせて生きたのであった。

つまり、戦後、この時代を扱い論じようとする文化人・知識人自体がこのような変遷を遂げて来た人たちだったということである。そこには、とくに戦中のことを扱う困難さがあったことが理解されよう。中には戦中のことをなかったようにしたい人も多く、そうするとあえてそれに触ることは古傷に触ることになる。誰が人のいやがるその困難をあえて引き受けようか。

こうして、この時代を全体として扱う昭和文化史、昭和文化人・知識人史は書かれずに来たのである（特定のジャンルを扱ったものはある）。

ただ、この時期に出た例外的に優れた研究として、鶴見俊輔が主導した『転向』全三巻（平凡社、一九五九～一九六二／思想の科学研究会編『共同研究転向』全六巻、平凡社、東洋文庫、二〇一二～二〇一三）がある。藤田省三の転向論をはじめ今でも教えられることの多い傑作であるが、これが出ることができたのは鶴見の優れたリーダーシップの下、大学の制度的制約を気にする必要のない民間の研究者の多い『思想の科学』グループならではの仕事だったからだといえよう。大学という制度の持つ限界、それを越えた知性のあり方について考えさせられる出来事である。

†それぞれの人の立場を理解すること

以上でおわかりいただけたと思うが、現在という時代は、こうした三つの時代を生きた当事者たちがほとんど去り、いわば気兼ねすることなくようやく客観的にこの時代を扱える時期が来た時代なのである。本書が企画された意義もそうした所にある。この困難な三つの時代を生きた文化人・知識人たちを初めてオープンに全体的・客観的に議論しようというわけである。

先述の「戦中のことを扱う困難さ」について言えば、その当時それぞれの人の置かれた立場、事情を踏まえて対応を見ていかねば同じような問題が起きたとき何も応用ができないことになるという自覚がしやすくなったということである。

川本三郎氏の指摘を敷衍して述べると、エリート官僚の家に生まれた永井荷風は庶民に格別愛着同情がなかったのでこの時代、戦争に行く庶民のために戦争を積極的に鼓舞し肯定する文章を書くことがほとんどなかったが、流浪する貧しい行商人の子として育ち女給までして苦労した林芙美子は二等兵として戦争に行かざるを得ない庶民たちに同情してそれを励まし慰める文章を多く書いたのだった（川本三郎『林芙美子の昭和』新書館、二〇〇三参照）。

戦後も夫の帰って来ない残された妻としての弱い女性の立場にどこまでも立ってそれを書いたのは林芙美子の方であった。永井にはそれに関心もなければよりそう気もなかったからそうした文章を書かなかった。だからと言って永井よりも林の方を指弾できるのだろうか、というわけである。

ということは、この時代を生きた文化人・知識人一人一人を細やかに見つめその立場を理解することからまず始めなければならないということである。言い換えれば、当然のことながら、戦争への態度は重要ではあるが昭和前期文化人の評価のすべてではないということである。そこだけから永井を高く評価し、林を低く評価したところで永井も迷惑なだけであろう。そこから林を批判して、林の原作をもとに戦中から戦後を生きた男女を描ききった秀作『浮雲』を作った成瀬巳喜男監督を低く評価したとして私たちは昭和文化から何を受け継ぐことができるというのだろうか。

朝日新聞に連載されテレビアニメになり今なお「国民的漫画」である『サザエさん』の作家長谷川町子の単行本デビュー作は一九四二年の漫画『翼賛漫画　進メ大和一家』（共作）であった。長谷川の第一作はまぎれもない戦争協力作品だった。にもかかわらずその作家に何の反省もなく戦後新聞連載をさせたと朝日新聞を批判することも可能なのでやりたい人はやればよいが、本書はそういう立場をとらず、長谷川がその経験から生み出したものの方を重視することにしたいと思うのである。

†本書の特色

本書はこうした認識の下に、オープンな議論の土台を形成するために出される、本格的な昭和前期文化人・知識人史に向けての第一歩の書物である。

その場合、採り上げる対象の人物として海外からの文化の紹介を主とした人が外れることになったが、これは致し方ないといえよう。近代日本では蕃書調所に始まり昭和のマルクス主義に至るまで多くの文化人は概ね最新の外国文化紹介をこととしてきたので、文化人の中にはこのタイプの人が圧倒的に多い。それは日本の文化を豊かにしてきた貴重な成果なのだが、翻訳などが出てしまうと残念ながら紹介者自身の仕事としては今に残るものはほとんど存在しなくなるのである。

その時日本に内在した問題と格闘しオリジナルなものを作り出した人の仕事だけが残る。これは避け得ない。当然ながら本書で採り上げたのはそのような人ばかりとなった。それは、これからの日本文化の進むべき方向がこうしたオリジナルな発信のコースしかないことを示唆しているともいえよう。

そのほかに本書の特色としてあげておきたいこととして、庶民・大衆との接点の多い文化人・知識人を重視したということがある。優れた先駆的作品『転向』でも十分には扱われなかった庶民・大衆派文化人、知識人を多くとりあげたのである。

マスメディアが急速に発達した昭和前期の文化人・知識人たちを包み込んでいたのはマスプロ化・大衆社会化だったが（拙著『二・二六事件とその時代』ちくま学芸文庫、二〇〇六参照）、これまでの昭和前期の思想や文学を主題とした著作の場合対象としたのは（とくに思想の場合）実はかなりの部分大学に所属するそれのことであり、新しく登場した大衆を対象とした文化人・知識人のことはその重要性にも関わらず十分視野に入ってこなかったのである。

(例えば教科書に掲載されるというような形で)大学や教育という制度に守られてきた思想家・文学者らに比べると彼らのことはまだほとんど研究されていない。例えば、大衆詩作者西條八十についての伝記は私が数年前に書いたものが初めてであり、戦後を通して最も読まれた大衆時代小説作家の一人山手樹一郎の著作年譜も最近ようやくできつつあるところなのである(影山亮「新・山手樹一郎著作年譜」および その制作過程」『立教大学大学院日本文学論叢』第一三号、二〇一三年一〇月等)。

大衆向きの作品を書いていた人たちが、大衆の好むものをどう突き止め、大衆との間にどのようなレスポンスをしつつそれを踏まえて書いて行ったのか、それはどう読まれたかなどがまだ一向に明らかになっていないのである。こうした大衆の文化の研究を通して当時の大衆・庶民の実像を明らかにしていきたいというのが本書の目指す方向の一つなのである。

それから指摘しておきたいこととして、不十分とはいえかなり広いジャンルをあえて扱ったのは、各個別ジャンルは、独立して存在したのではなく、相互に関連しながら発展していたからだということがある。読者は本書を通して、思想・文学・美術・建築・音楽等の各ジャンルが相互にある連関を持ちながら展開していったことを理解されるであろう。文化史は全体史という視点が基本的にないとよいものが書けないと思う。本書は輪郭に留まったが、その方向への一歩を示したつもりなのである。

もちろんこうした目的のためにはもっと多くの文化人・知識人を扱わねばいけないが、執筆者を適切に得られないケースが少なくなかった。個別研究に留まらぬ全体的で大きな視野からものを書ける人材はますます少なくなって来ていることを感じる。困難が予想されるが、なお人材を発掘していきたいと思う。

それでも、新しい研究成果を十分に取入れることができたので本書が採り上げられている人物についてのこれまでの評価を一新するものがあることに読者は驚かされることと思う。それが編者のねらいでもある。こうした成果の総合を通じて、新たな昭和前期文化史が完成していくことを期待したい。

第1講

石橋湛山――言論人から政治家へ

牧野邦昭

†石橋湛山の多面性――評論家、エコノミスト、政治家

石橋湛山《いしばしたんざん》は現代においても様々な切り口から扱われる人物であるが、その切り口を大別すると、大正期に『東洋経済新報』において、植民地を不要とするいわゆる「小日本主義」を唱えた評論家、また昭和初期の金解禁論争において政府の緊縮財政を批判したエコノミスト、さらに戦後首相になったものの間もなく病に倒れ地位に固執することなく潔く辞任し、その後日中国交回復に尽力した政治家ということになるだろう。

このように多様かつ長期にわたる湛山の思想や活動のうち、本講では「戦前に言論人として活動した湛山はなぜ戦後に政治家になったのか」という視点から戦前・戦中のそれを中心に取り上げていきたい。

†湛山の思想の形成

石橋湛山は一八八四（明治一七）年九月二五日、東京市麻布区（現・港区）に生まれた（幼名は省三《せいぞう》）。父・杉田湛誓《たんせい》（のち日布）は後年に日蓮宗総本山の身延山久遠寺《みのぶさんくおんじ》第八一世法主《ほっす》となった高僧であり、省三は当時の仏教界の習慣により母方の姓の石橋を名乗ることになる。翌年には父の転任に伴い山梨県に移る。一八九四年に父・湛誓は日蓮宗改革派の同志であった望月日謙《にっけん》（のち身延山久遠寺第八三世法主）に省三を預けている。二人の日蓮宗の高僧を実父と養父として育った省三は日蓮宗の教義を自然に身につけ、特に「法華経の行者」として弾圧に屈しなかった日蓮の生涯を自己の支えとしていくことになる。

山梨県尋常中学校（一九〇一年から山梨県第一中学校、現甲府第一高等学校）に入学した省三は一九〇一年に校長として赴任した大島正健《まさたけ》から強い影響を受ける。大島は札幌農学校第一期生でクラーク校長に学び、山梨県第一中学校では自主性を尊重する個人主義の教育方針により生徒に接した。

中学校を卒業した湛山（卒業と同時に改名）は一九〇三年に早稲田大学に入学した。早稲田大学で湛山が最も影響を受けたのは哲学者の田中王堂《おうどう》である。シカゴ大学でデューイに学んだ王堂はアメリカのプラグマティズムを基にした独自の哲学（根底を個人に置き、同時に社会と個人との相互制約や調和を強調して人間生活に有用な実践を目指す思想）を講義した。湛山は後に「もし今日の私の物の考え方に、なにがしかの特徴があるとすれば、主としてそれは王道哲学の賜物である」と述べている（『湛山回想』）。山梨時代に形成された湛山の個人主義の思想は、王道の哲学に接することで個人と社会との関係の相互作用を重視するものとなるとともに、そうした思想を社会の中に役立てていこうとする実践的な姿勢になっていったと考えられる。

†言論人としての活躍と政治的活動への関与

早稲田大学文学科の哲学科を首席で卒業した湛山は一年間同大学の特待研究生として研究し、その後書籍の編纂の仕事や新聞記者・兵役を経て一九一一年に東洋経済新報社に入社する。当初は同社が刊行していた月刊誌『東洋時論』の記者として文芸・社会評論に健筆をふるう。特に「防貧」のために社会政策の重要性を訴え、また「職業婦人」の問題では女性の経済的自立の重要性を指摘した。しかし『東洋時論』の売行きは不振で、結局一九一二年の同誌の廃刊により湛山は『東洋経済新報』本誌の記者に移り政治経済の評論を行うことになる。

石橋湛山（1884-1973）

『東洋経済新報』はイギリスのマンチェスター学派の「小英国主

義」（帝国主義政策への反対、自由貿易の推進）の影響を受けており、特に一九一二年から主幹となった三浦銕太郎《てつたろう》の下で、帝国主義に反対し国内の改革と個人の自由な活動によって国民の福祉を改善していく「小日本主義」を提唱するようになっていた。湛山はこの「小日本主義」をさらに発展させていく。当時アメリカとの間で外交問題となった日本移民排斥問題に対しては、移民を受け入れるアメリカの立場も感情面から考慮しなければならないと反米感情を戒めるとともに、産業が発達し貿易も盛んになっている現在では対外移民や大陸への進出を正当化する人口過剰など起こりようがないと、国際摩擦の原因となる移民や帝国主義の不要を主張した（「我れに移民の要無し」（『石橋湛山全集』（以下『全集』）第一巻）。湛山は第一次大戦への参戦や対華二十一カ条要求、さらにシベリア出兵も批判した。

日本国内の問題に対しても湛山は憲政擁護、普通選挙即時実施の主張を評論活動で繰り返す一方、政治的活動にも早い時期から関わっていた。一九一二年には陸軍の二個師団増設要求により第二次西園寺公望内閣が瓦解したことに対抗して新聞記者や弁護士が組織した憲政作振会に関わってこれを支援した。一九一七年に起きた早稲田騒動（早稲田大学において学長の職をめぐり高田早苗派と天野為之《ためゆき》派が対立し、最終的に天野と天野派が排斥された事件）において、湛山は「いわゆる天野派の総大将のごとき位地」となって活躍する（『湛山回想』）。湛山の指導者としての片鱗が示された出来事であった。ちなみにこの騒動で早稲田大学を退学となった尾崎士郎は湛山が東洋経済新報社に引き取り、尾崎は一時期同社に勤務した後に『人生劇場』などで知られる小説家となる。

一九一九年春には湛山は三浦銕太郎と共に普通選挙期成同盟会に関わり、普通選挙示威運動実行委員となって国民大会とデモの副指導者的役割を果たしている。大正デモクラシーの流れの中で、湛山は早い時期から政治に関わり、指導者として活躍していた。湛山は一九二四年に鎌倉町町会議員となって政治を実体験し(二八年まで)、また同年には東洋経済新報社主幹となり、経営者としてもその能力を発揮していく。

†エコノミストとしての活躍

他方で経済雑誌である『東洋経済新報』を刊行する東洋経済新報社に入社したことで経済学を学ぶ必要に迫られた湛山は、セリグマンやJ・S・ミル、アダム・スミス、リカード、マーシャルなどの経済学の原書を読んで学習した。英米、特にイギリス古典経済学を中心に学んだ湛山は、後に経済を「人間が其の生活の維持乃至発展をはかる為め最も大なる効果を挙げる如く、自己の労力を分配する計画を立て、且つ之を実行すること」と定義している(「貿易と経済」『全集』第九巻)。こうした「労力の分配」(分業)は多くの人が広範囲で行えば行うほど「各人の労力の効果を大にし、生産の量と種類とを豊富にする」。

そして現代は通信、交通等の機関が発達している。「斯う云う世の中に於ては、経済は、其本質上何《ど》うしても国際的なるべき筈である。貿易は、つまり国際的の分業及協業の一発露だ」(「経済の国際性」『全集』第九巻)。

つまり経済が働く個人の分業によって成り立っている以上、日本のみならず各国は経済を発展させるために教育により国民の能力を高め、労働生産性を上げるとともに、分業の範囲を広げるために貿易という国際分業を進めていくことが必要であるというのが湛山の考えであった。したがって日本の人口の多さは人口過剰として悲観視するものではなくむしろ分業による経済発展に有利であり、また日本に天然資源が無くとも、貿易さえ自由に行われるのであれば国際分業の観点から問題ないことになる。湛山は一九二一(大正一〇)年、日本は植民地を放棄しても貿易によって遥かに多い利益を得られるとする、いわゆる「小日本主義」の代表的な主張をしているが(「大日本主義の幻想」『全集』第四巻)、東洋経済新報社の「小日本主義」の主張に経済的な裏付けをしたのが湛山であった。

湛山のエコノミストとしての名を高めたのは昭和初期の金解禁論争である。日本は第一次大戦勃発後諸外国と同様に金本位制度(金と貨幣単位を結びつける制度)から離脱し、大戦終結後に復帰が目指されたが、大戦後の恐慌や関東大震災、金融恐慌への対応に追われ先延ばしされていた。財界からは為替安定のため金解禁(金輸出の解禁=金本位制への復帰)が強く求められ、一九二九（昭和四）年に発足した民政党の浜口雄幸内閣は大蔵大臣に井上準之助を起用し、金解禁の実施を公約に掲げた。世論も金解禁を支持したがその時期や手法について意見が分かれていた。

湛山のほか、高橋亀吉（東洋経済新報社の元同僚で後に独立）・小汀利得《おばまとしえ》・山崎靖純《やまざきせいじゅん》といった民間エコノミスト（「街の経済学者」）は、旧平価は日本経済の実力からは割高であり円高となって輸出に不利になるため、平価を切り下げて金解禁を行うべきだとする新平価解禁論を主張した。特に湛山の金解禁論争における主張は、ケインズの『貨幣改革論』などの文献やイギリスが旧平価で一九二五年に金本位制に復帰した際の経験を基にしたものであったが、同時に経済における「労力の分配」を重視する立場から、旧平価金解禁の場合に必要な財政支出削減は景気を停滞させ労力の使用を不活発にするとして反対するものであった。

しかし浜口首相と井上蔵相は諸事情により早期の旧平価金解禁を選択して緊縮予算を組み、一九三〇年一月に旧平価金解禁が実施された。金解禁後、円為替引き上げと世界恐慌

『東洋経済新報』1929年3月16日号「金輸出解禁問題号」（『石橋湛山全集』第六巻口絵）

の深刻化により輸出は大幅に減少し、財政も緊縮されていたため昭和恐慌と呼ばれる未曾有の大不況が生じた。湛山らは政府を批判し早期の金輸出再禁止（金本位制からの離脱）を主張する。井上蔵相は金本位制維持に固執したが、一九三一年一二月に政友会の犬養毅内閣が発足し、蔵相に就任した高橋是清は即時に金輸出を再禁止した。円為替急落による輸出急増に加え、日本銀行による国債引き受けを通じた軍事費・農村対策費を中心とする財政支出拡大（高橋財政）により景気は急速に回復に向かい、湛山は高橋財政における財政支出を積極的に支持した。湛山及び『東洋経済新報』への政財界の評価は高まり、『東洋経済新報』の部数は大幅に増加した。

†「小日本主義」の挫折

しかし皮肉なことに、湛山への評価が高まっていくのと同時に日本は「小日本主義」とは反対の方向へ向かっていく。一九三一年に起きた満洲事変によって翌年建国された満洲国への投資は、高橋是清蔵相による財政拡張政策や為替低落による輸出の増加とともに日本の景気回復に貢献した。一方、日本からの輸出急増はイギリスとの激しい貿易摩擦を引き起こし、イギリスは自国の貴重な市場である植民地を守るためにスターリング・ブロック（イギリスポンド経済圏）の強化を図っていく。こうした動きに対し、満洲国から利益を得るようになった日本では

「日満経済ブロック」さらに中国を加えた「日満支経済ブロック」の建設の主張が軍部だけでなく財界を含む国民世論となっていった。金解禁論争において湛山と行動を共にした高橋亀吉と山崎靖純は軍部に接近し、日本の排他的な経済ブロックを建設することを強く主張するようになる。しかしこうした主張とそれに基づく北支分離工作は当然中国の強い反発を生み、一九三七年には日中戦争が勃発する。

湛山の主張もこうした対外関係の変化に応じて変容せざるを得なかった。湛山は満洲国、次いで「北支」の日本の勢力下における支配を既成事実として認めていき、その思想は「小日本主義」とは呼べなくなっていく。しかし湛山は自分の基本的な思想は堅持し、貿易の重要性を訴えブロック経済への批判を繰り返した。湛山は「広く世界的に貿易を営めば互に良い物が安く買え、豊富な生活が出来るのに、わざわざ狭いブロックの中などに窮屈し、貧乏暮しをすることは（購買力の無い間こそ辛抱しても）到底人情の許す所でない」として「自給自足経済」を批判した（「昭和九年の貿易予想」『全集』第九巻）。さらに湛山は日本の経済事情を正確に海外に紹介するために『東洋経済新報』の英語版 *The Oriental Economist* を刊行し、海外から高い信頼を得た。

その後も湛山は貿易や中国権益をめぐり関係の悪化したイギリスとの「give and take」による提携を主張した（「何故に日英提携を主張する」『全集』第一〇巻）。そして日本が「東亜独占主義」を方針とすれば「東亜の利益は或は多く我が国に得られるかも知れぬ」しかし「東亜以外の世界は我が国に対して鎖される」と予言し、日本が自ら開放主義を採りその上で世界全体の開放を主唱するならば「必ず世界を我が指導の下に動かし得る」として、「欧米の跡を追」うのではなく「進んで世界を指導する雄大な気象を持」つことを主張した(「世界開放主義を提げて——懊悩せる列強を指導せよ」『全集』第一〇巻)。

しかしこうした湛山の主張は世論を動かすことはできず、日本は「東亜経済ブロック」そして「大東亜共栄圏」の建設に一層固執するようになっていき、それが太平洋戦争へとつながっていく。

†ネットワークの「ハブ」としての湛山

一九三六年の二・二六事件において、軍部の要求する軍事費増額を抑えようとした高橋是清蔵相は暗殺され、次の広田弘毅内閣の馬場鍈一《えいいち》蔵相は軍事費予算の大幅な増額を受け入れたため一層の財政膨張が進むことになった。これにより景気は過熱気味となってインフレが現実のものとなった。湛山は一九三七年の日中戦争勃発頃からは、高橋財政期とは一転してインフレを防ぐために増税の必要性と生産力拡充の休止を強く訴えるようになる(「増税の正道たる所以」『全集』第一〇巻など)。これは日中戦争のために戦費増大と生産力拡充を主張する軍部への間接的な批判であった。

しかしインフレを抑えるために実際に行われたのは国際収支悪化を抑えるための輸出規制から始まる政府による各種の指導・統制であった。政府が政策を立案し、各種の指導や統制を行うためには専門的な知識が必要であり、そこで経済学者や実務家、そして湛山や高橋亀吉ら「街の経済学者」が政府委員として動員されていく。湛山は大蔵省や企画院で戦時期に多くの委員会の委員を務めている。

湛山がこうした政府関係の仕事をするようになったのは、前述のように金解禁論争を経てそれだけ湛山と『東洋経済新報』の社会的価値が高まったことも意味するが、もう一つは湛山個人の経済に関する見識（経済の実体に関する知識、経済の理論的把握）を政府が高く評価したためともいえる。湛山は金解禁論争及び高橋財政を通じて通貨・金融の研究の必要性を感じるようになり、経済学者や実務家を集めて研究会（通貨制度研究会など）を開催しており、そこから多くの知識を得ていた。

さらに一九三一年に東洋経済新報社により開設された会員制クラブである経済倶楽部が湛山の戦時期の活動で意外な役割を果たす。経済倶楽部は湛山と『東洋経済新報』の評価が高まったことにより会員が急増し、財界人や官僚などの実務家や学者、評論家、さらに軍人による談話会や講演会が盛んに行われる財界サロンとなった。結果として経済倶楽部は実務家と学者、軍部と財界をつなぐ経路として機能したため軍部の『東洋経済新報』への圧迫を抑制する機能を持ち、さらに会員制であるために自由に意見交換をすることのできる場をつくり、実務家や学者、評論家のネットワークを維持する役割を果たしたのである。

つまり戦時下の湛山は研究組織や経済倶楽部を通じて財界人、学者、評論家、官僚、さらに軍人などを結びつける多様な人的ネットワークとそこから生まれる情報を持つ有力な存在、いわばネットワークの「ハブ」(結節点)であった。政府から見れば、こうしたネットワークの「ハブ」であり財界の信頼の厚い湛山と『東洋経済新報』は弾圧するよりも取り込んだ方が得策であるために前述のように湛山を各種の政府委員に任命し、湛山もそれを承知の上で政府と関わっていったと考えられる。つまり、湛山は政府と全面的に敵対するのではなく、政府に重用される人物となることによって逆に自由な活動と批評の余地をある程度維持することができたといえる。『東洋経済新報』が厳しい言論統制の中で最後まで廃刊を免れて刊行できた背景として、こうした「ネットワークの「ハブ」としての湛山」という側面を無視することはできない。

†戦後に向かって

湛山は戦時中、目前の問題と同時に戦争が終わった後の将来を考えようとしていた。早くも一九四〇年末頃からには東洋経済新報社内で湛山を中心とする「戦後対策」の研究が始まる。さらに国際金融の技術的な面から「戦後」を暗黙の裡に研究するため、湛山は通貨制度研究会を発展させて一九四三年に創立された金融学会（現・日本金融学会）において経済学者や銀行関係者、官僚を集めて事実上の戦後研究を行った。

一九四四年七月に連合国通貨金融会議（ブレトン・ウッズ会議）で国際復興開発銀行（世界銀行）と国際通貨基金（ＩＭＦ）の設立が決定され、その直後に東條英機内閣が退陣し言論統制がやや緩和されたことで湛山は戦後研究を本格的に開始する。湛山の提案により一九四四年秋に大蔵省内に戦後研究を目的として「戦時経済特別調査室」が設置され、湛山のほか金融学会関係者らが委員に任命された。大蔵省戦時経済特別調査室の資料は二〇一四年に名古屋大学所蔵「荒木光太《みつた》郎《ろう》文書」の整理・調査の過程で発見され、現在ではオンラインで公開されている(http://www.nul.nagoya-u.ac.jp/erc/collection/araki.html)。

湛山はこうした研究の中で、戦後の国際秩序においては世界に自由な貿易が復活し、それを利用すれば日本は領土を失っても十分発展できると考えていた。戦時経済特別調査室での湛山との議論について、委員だった中山伊知郎（戦後一橋大学学長）は次のように語っている。

敗戦により日本の領土が削減されることに不安を感じた中山は、朝鮮や台湾との関係は何とか維持できないかと話したが、湛山は「それは駄目だ、四つの島になったら、四つの島で食っていくように工夫すべきであるし、やり方によってそれはできる」「台湾や朝鮮をもっていたことは、大きな費用を負担していたことで、ヤルタ協定〔カイロ宣言〕でその費用から免れるということは大きな利益である。その利益、あるいは力を外国貿易に使い、また国内開発に使っていけば、日本は四つの島で生きることができる。できるどころか、やがて世界の経済国として堂々とやっていけるではないか。」と答えたという。中山は戦後、日本経済の発展はまさに湛山の主張通りになったとして、「議論ですでに負けたし、その後の事実の進行では、いっそうはっきり負けた」と湛山の先見の明に脱帽した（中山伊知郎「達見」）。

†政治家への転身

湛山は敗戦直後の『東洋経済新報』社論「更生日本の門出——前途は実に洋々たり」（『全集』第一三巻）において、領土が削減されても日本の発展には障害とはならず、科学精神に徹すれば「如何なる悪条件の下にも、更生日本の前途は洋々たるものあること必然だ」と断言し、その後も引き続き国民を鼓舞した。

やがて一九四六年一月にGHQによる公職追放指令が出されて多くの政治家が追放されたことにより湛山は「ただ文筆界に引き込んでいる時ではなく、どれほどの働きが出来るかは知らず、一奮発すべき場合ではないかと考えた」。同時にインフレが必至であるという世論を危惧した湛山は緊縮政策を食い止めるため「自ら政界に出て、せめて、いずれかの政党の政策に、自分の主張を、強力に取り入れてもらう要がある」と考えたとしている（『湛山回想』）。自由党から戦後初の総選挙に立候補した湛山は落選したものの第一次吉田茂内閣の大蔵大臣となり、その後公職追放を経ながらも政治家としての道を歩んでいくことになる。

湛山はしばしば日蓮の『開目抄』の一節「我れ日本の柱とならん、我れ日本の眼目とならん、我れ日本の大船とならん」を引用していた。そうした信仰を持ち、かつ指導者としての素質も持って大正期に多くの政治的活動に関わり、また戦前から戦時中に多くの政府関係の仕事に関係し、政財官界のネットワークのハブ的な存在となり、戦後のヴィジョンを構想していた湛山にとって、未曾有の敗戦という日本の「国難」に直面する中で政治家に転身していくことは、自身の中ではごく自然なことであったと考えられる。政治家となった湛山は一九五六年、戦後において現在に至るまで唯一の「文化人」出身の首相となる。

さらに詳しく知るための参考文献

＊石橋湛山に関する書籍及び研究論文は無数にあるため、ここでは湛山自身の文章・発言を集めた著作、および主要な評伝・研究書のみを取り上げている。

『石橋湛山全集』（全一六巻、東洋経済新報社、二〇一一）……湛山研究のための最も基本的な文献。

松尾尊兊編『石橋湛山評論集』（岩波文庫、一九八四）……湛山の代表的な文章をまとめたものであり、湛山に関心のある一般の読者にとって手に取りやすく読みやすい。

石橋湛山『湛山回想』（岩波文庫、一九八五）……一九五一年の公職追放解除直後に刊行された回想録に早稲田騒動についての回想を加え文庫化したもの。生い立ちから言論活動、占領期の政治活動を詳しく語っている。最後の章「新日本の構想」は政界復帰を前にした湛山のマニフェストというべき内容であり、戦後政治史の研究のうえでも重要である。

石橋湛一・伊藤隆編『石橋湛山日記　昭和二〇―三一年（上・下）』（みすず書房、二〇〇一）……一九四五年元旦から一九五七年一月までの湛山の日記。政治家としての活動の時期における湛山の活動や思想を知る上で貴重な記録。

石橋湛山『湛山座談』（岩波同時代ライブラリー、一九九四）……湛山が立正大学学長として同大学経済学部の勉強会に参加して語った内容。他の回想などで出てこない率直な評価もあり興味深い。

姜克實『石橋湛山』（吉川弘文館〔人物叢書〕、二〇一四）……湛山のコンパクトな評伝であり、姜氏の一連の湛山研究をまとめたもの。湛山の思想を体系的に理解する上で重要な書籍。

増田弘『石橋湛山――思想は人間活動の根本・動力なり』（ミネルヴァ書房〔ミネルヴァ日本評伝選〕、二〇一七）……湛山の最近の評伝としては最もまとまったものであり、増田氏の一連の湛山研究の集大成といえる。

上田美和『石橋湛山論――言論と行動』（吉川弘文館、二〇一二）……湛山の戦前から戦後の思想と活動を「自立主義」と「経済合理主義」の二点から再構成した研究書。湛山の思想の現代からみた問題点（中国への視点など）など、重要な指摘を多く含む。

上田博『石橋湛山――文芸・社会評論家時代』（三一書房、一九九一）……注目されることが少ない湛山の『東洋時論』記者時代の文芸・社会評論に焦点を当てた研究書。

長幸男『石橋湛山の経済思想――日本経済思想史研究の視角』(東洋経済新報社、二〇〇九)……エコノミストとしての湛山に早い時期に注目した長氏の湛山研究をまとめたもの。

筒井清忠『石橋湛山――一自由主義政治家の軌跡』(中公叢書、一九八六)……本講ではほとんど扱っていない、公職追放解除後から首相就任に至る湛山の政治活動と発言を詳細に分析している。

第2講

和辻哲郎――人間と「行為」の哲学

苅部 直

†和辻哲郎の墓

大正・昭和期に哲学者として、また思想史家として華やかな業績をのこした和辻哲郎(一八八九・明治二二年〜一九六〇・昭和三五年)。その墓は、鎌倉の臨済宗円覚寺派の寺、東慶寺にある。徳川時代には、夫から逃れようと望む女性を保護する場所であった「縁切寺」として知られた寺院である。

しかし、墓がそこにある理由は縁切寺としての由緒とは関係がない。一九二四(大正一三)年に和辻が京都帝国大学文学部に倫理学担当の講師(のち助教授、教授)として着任したさい、年長の教授として招聘の交渉にあたった西田幾多郎が、大学を退官したのち晩年には鎌倉に住んでいた。大東亜戦争が終結をむかえる直前、一九四五(昭和二〇)年六月に西田が死去し、その墓が設けられたのが東慶寺の墓地だった。

墓所の選定にあたったのは、和辻が青年時代から親交をもっていた大学の先輩でもある、岩波書店の社主、岩波茂雄と、哲学者、安倍能成《よししげ》。二人は東慶寺の場所を気に入り、自分たちの墓所もそこに求めたという。岩波は西田の翌年に、安倍は和辻の六年後に亡くなっているが、両者の墓は西田家の墓の隣に並んでいる。

おそらく和辻の墓も、西田の墓が東慶寺に設けられたのをきっかけにして、自分で墓所を購入したのだろう。墓石の設計にあたったのは、一九二〇年代から活

東慶寺にある和辻哲郎の墓

躍していた建築家、堀口捨己《すてみ》（和辻照編『和辻哲郎の思ひ出』岩波書店、一九六三年の巻頭口絵写真による）。和辻が著書『桂離宮――製作過程の考察』（一九五五）をまとめるさい、参考にした先行研究の一つが堀口の著書『桂離宮』（一九五二）であり、執筆にあたっても堀口に助言を求めている。

実は西田の墓石も堀口が設計しているから、やはりその墓がとりもった縁でもあるかもしれない。和辻の墓石も、本人が生前に設計を依頼していた可能性がある。高さが五〇センチメートルほどの小さな墓である。西田の墓が大きな五輪塔で、伝統的な仏式の墓の形をしているの

に対して、和辻の墓石は平板状で、モダンな印象を受ける。通常の墓石よりも横長で、アール・デコの様式を思わせるような瀟洒な形である。

堀口捨己は和辻（文学部哲学科を卒業）よりも八年あと、一九二〇（大正九）年に、同じ東京帝国大学の工学部を卒業すると同時に分離派建築会を結成し、同時代のヨーロッパで勃興したモダニズムの建築様式をいち早く導入することに務めた。そして特徴的なのは、それと並行して、茶室に代表される日本建築に注目し、実作を試みていた点である。磯崎新はその仕事をこう評している。

和辻哲郎（1889-1960）

おそらく堀口捨己は「分離派建築会」の結成以来、ヨーロッパの近代建築の展開を意識的に追跡していたであろう。そしてそれが新即物主義をつうじて、インターナショナル・スタイルという普遍的な形式に到達していく時期に、彼は一方で茶室と徹底的にかかわり合いそれを正統な手続きによって研究すると同時に、まったく新しい視点から、近代建築との共通基盤を発見し、それがそのまま直截に具体的な作品にあらわれることになった。いうならば、堀口捨己はこの時期［一九三〇年代初頭］までに、西欧の近代建築家が方法の一元化に到達したのにたいし、あえて日本的モデルにかかわり、二元化した二つの極を一挙にしょいこむことになったのである。(磯崎新「非都市的なもの」、『磯崎新建築論集1　散種されたモダニズム――「日本」という問題構制』岩波書店、二〇一三所収、一一一〜一一二頁)

堀口は、和風と洋風とを対立させてとらえる通常の見かたを排し、茶室の簡素で機能的な構成が、西洋の建築の最新動向と共通していると説いた。その議論の一環として、桂離宮に関しても、同じ特徴を示す日本建築の代表例に位置づけたのである。

和辻の『桂離宮』の場合は、二〇世紀のモダニズム建築、インターナショナル・スタイルとの共通性を強調することはない。だが、「直線的なるもの平面的なるものの美しさを生かせようとする」(第九章)デザインや、「出来るだけ装飾を捨て、出来るだけ形を簡素にすることによつて、反つて最上の美が現はれるとする態度」(改訂版序)に、桂離宮の美しさの本質を見いだす主張は、堀口と共通している。それは、「装飾に装飾を重ねた」日光東照宮のような同時代の建築に対する、大胆な否定にほかならない。

ここで和辻は議論を日本文化論にまで広げるのを慎重に避けているが、簡素さの尊重といった特徴が、時代をこえて持続する日本的なものに通じると考えていたことは、十分に推測しうる。和辻にとっても堀口にとっても、日本の伝統は人類の諸文化のなかで孤立した特異なものではなく、むしろ「インターナショナル」に通用する普遍的な価値とのつながりを秘めている。改めて見なおすと、和辻の墓石もまた西洋の著名人の墓——たとえばベルリンのドローデン墓地にあるG・W・F・ヘーゲルの墓——に見られる形と似ているようでもある。

†普遍性と特殊性

和辻哲郎の顔写真で一般によく掲げられるのは、『和辻哲郎全集』第一六巻（岩波書店、一九六三年）の巻頭図版として収められているような、和風建築の座敷で和服を着て座っている、老年期に撮影したものであろう。背景に使われているのは、一九三八（昭和一三）年に、東京の江古田にあった和辻邸の別棟として、神奈川県の大山の麓から移築した、徳川時代の農家の建物である。和辻の没後には、鎌倉の川喜多長政・かしこ夫妻の邸宅に移されて、現在は鎌倉市川喜多映画記念館の附属建物となっている。

そうした老年期の姿は、西洋とは異なる日本の伝統をよく理解し、それをもとに理論体系を創りあげた哲学者という印象を喚起する。和辻について通常抱かれる思想家像もそうしたものである。たとえば主著である『倫理学』（上中下巻、一九三七〜一九四九）について、古田光はこう評している。「この倫理学は、集団の全体性を重んじる点で、個人意識を重視する西洋近代倫理学とは異なり、また集団帰属性を重んじる日本人の伝統的心性に根ざし、これを美化し正当化する傾向を含むものであった」（『国史大辞典』吉川弘文館）。古田のように批判の眼をむけるにせよ、あるいは日本の伝統の語り手として讃えるにせよ、こうした位置づけがこれまで広く共有されてきた。

和辻の理論が、人間をばらばらな個人ではなく、はじめから「間柄」の中にいる存在としてとらえることに着目して、古田は「集団の全体性を重んじる」とまとめている。しかしそれが「日本人の伝統的心性」に基づいて着想されたものでないことについては、あとで述べることにする。ここではまず、「伝統」に関する和辻自身の考えについて確認しよう。

和辻は、一九三四（昭和九）年七月、東京帝国大学文学部倫理学科に教授として転任し、翌年度から「日本倫理思想史概説」の講義を担当している。そしておそらくは講義の内容をもとにして、研究論文を岩波書店の雑誌『思想』や、みずから編集委員を務めた『岩波講座　倫理学』（一九四〇〜一九四一）に次々に発表し、戦後になってその内容を通史へと再編成した『日本倫理思想史』上下（一九五二）を刊行した。その「緒論」には以下のような記述が見える。

われわれはこゝに日本の倫理思想史を考察しようとしている。従ってわれわれは、人類全体に通用し得る普遍的な倫理が、特に日本に於て歴史的にいかに特殊な形態を以て自覚せられたかを理解しなくてはならぬ。この仕事は一面において普遍的な倫理の理解を前提とする。

人間の倫理の普遍性を拒否してわが国特有の道徳原理を主張するやうな立場に立てば、この仕事は正しく遂行され得ない。と共に、他面においてこの仕事は、社会構造の歴史的特殊性についての理解を先立てなくてはならぬ。一つの特殊な社会構造は、普遍的な倫理の特殊な実現にほかならず、この特殊な実現を介してのみ倫理の特殊な自覚としての倫理思想が現はれてくるのだからである。

つまり、和辻自身の理解にあくまでもよりそうなら、『倫理学』において展開した理論は、「人類全体に通用し得る普遍的な倫理」なのであって、決して日本に独自な人間観や道徳観を反映したものではない。しかし他面で、そうした「普遍的な倫理」は、常にそれぞれの社会、それぞれの時代の「歴史的特殊性」を帯びつつ実現される。その意味で、日本では日本の風土の条件に応じて、その「特殊性」をまとった倫理思想の伝統ができあがっており、時代の変化に対応して形を変えながら生き続けてゆく。

†多様性とデモクラシーの伝統

この和辻の立場は、日本には日本の、西洋には西洋の思想の伝統がそれぞれ存在すると考える点、また全体的な評価によって価値の序列をつけるような姿勢を排する点で、文化相対主義に立っている。しかしその反面、一九三〇年代から戦中期までの時期に猛威をふるった「日本精神」論のような、「人間の倫理の普遍性を拒否してわが国特有の道徳原理を主張する」態度もまた誤りだとする。

それぞれの地域の特殊な伝統は、人類全体の「普遍的な倫理」の現れであるがゆえに、何らかの共通の要素をもつのであり、それを手がかりにして、より普遍的で望ましいあり方へと、伝統を更新することが可能となる。したがって、特定の伝統を固定したものととらえ、吟味ぬきでその価値を称揚するような姿勢を和辻は否定する。

ただし和辻が『日本倫理思想史』の第一篇第三章で、「記紀の神話伝説」から持続している日本の倫理思想の伝統として挙げる項目は、「天皇尊崇」と結びついた「清き心」、「人間の慈愛」、「社会的正義の尊重」である。「天皇尊崇」の感情を日本人のアイデンティティの中核に置くことや、「清き心」や「慈愛」は、通常の「日本精神」論もまた伝統の重要な要素として説いたところである。その意味で古田光が指摘するように、「日本人の伝統的心性」を正当化する議論だという評価も、必ずしも的外れではない。少なくとも、日本人が古代から同じ民族としてのアイデンティティを自覚し、おたがいに「慈愛」を及ぼしあうことを理想とし、天皇を敬愛してきたという「伝統」の存在を疑っていないことはたしかだろう。

だがそれよりも、通常の「日本精神」論とは異なる思想史理解を和辻が示していることが重要である。和辻の理解では、「天皇尊崇」の感情は、日本列島に住む人々が一つの文化を共有することで紐帯を保っているという意識の具体的な現われにほかならない。和辻はそれを、「民族の全体性」が天皇によって「表現」されると概念化した。この「民族的統一」は、各地方の神の信仰をそのまま残しながら、皇祖神への信仰に包摂する形で行われたので、「あらゆる世界宗教に対する自由寛容な受容性」を特徴とする。それは、日本語と日本文化の共有を基盤としつつ、多様な文化の共存を可能にするのである。「日本精神」論が、とりわけ反西洋・反近代の論調を帯びた排外主義へと向かうことに対して、和辻は戦時中の著書『尊皇思想とその伝統』(一九四三)も含めながら一貫して批判の態度をとっていた。

こうした皇室の意味づけは、民意の尊重とも結びついてゆく。『尊皇思想とその伝統』『日本倫理思想史』における和辻の理解によれば、古代国家において天皇が体現するのは、実力による支配の「権力」とは区別された、民族の「全体性」に根ざす「権威」である。具体的には、天皇を「権威」として戴いているかぎり、実際に「権力」の運用を担う為政者は、国民の「全体意志」の求めるところを読み取り、それを忠実に実行しないといけない。したがって、大和朝廷が豪族たちの会議によって運営されていたことに和辻は注目する。終戦直後に和辻は著書『国民統合の象徴』(一九四八)で、日本国憲法によって導入された、デモクラシーと天皇「象徴」制との両立を、日本の伝統に即したものとして積極的に肯定したが、そうした議論はすでに戦前から用意されていた。

　また、中世の武士に見られた主君への強烈な忠誠心を和辻は重要な伝統としてとりあげるが、通常の「日本精神」論や国民道徳論とは異なって、それを近代における天皇に対する「臣民」の忠誠にじかに結びつけることを避けている。武士の忠はむしろ人間どうしの「慈愛」に根ざした、主君その人に対する「献身」の理想であり、同時にまた為政者として民の生活を保障する「正義」と結びつくことで、意義を十分に発揮しうるのである。ここには武士の倫理について、各地の武士団の内部における「習い」としての意義をこえて、日本全体にかかわる正義の実現や、あるいは政治における徳の実践といった普遍的な領域へと、その意味を開こうとする姿勢がうかがえる。

†「人間の学」の意味

　主著『倫理学』に代表される、和辻が昭和期に入って作りあげた哲学の体系は、しばしば「京都哲学」の一つに挙げられている。たしかにそれは、京都帝国大学の哲学科に在職しているあいだ、一年半のヨーロッパでの在外研究を通じて、形成された理論であった。また、「間柄」の中に生きる人間存在は、常に個人性と社会性との相互否定の運動を繰り返していると説き、その否定の運動を、仏教哲学の言葉を借りて「空」と呼んでいる。これも、「無の場所」

を説く西田幾多郎の哲学と共通するものを持っている。

しかし、和辻がみずからの「人間の学」を語るさい、人間の存在を根柢で支える運動を「空」と呼んだのは、ようやく『倫理学』においてである。最初に理論の素描を試みた論文「倫理学」（一九三一）や、それを発展させた『人間の学としての倫理学』（一九三四）には「空」は登場していない。むしろうかがえるのは、マルティン・ハイデガー、マルクス＝エンゲルス、ヴィルヘルム・ディルタイといった、当時に流行した思想家の著作と対話し咀嚼しながら、みずからの体系を作りあげていった過程である。「空」はむしろ、体系の完成段階で加わった要素と考えた方がよい。

一九二〇年代の当時、新カント派に見られるような認識論偏重の傾向をのりこえ、歴史の理解や社会における実践の原理までをも含めながら、全体としての人間の生を理論化する「人間学」（哲学的人間学）の動向が、ドイツでは盛んになっていた。ハイデガーとディルタイの著作も、当時はしばしば人間学として紹介されており、和辻の哲学体系もまた、「間柄」としての人間観を基礎におきながら、普遍的な倫理の原理を提示するものであった。

しかし人間学として見た場合、和辻にいちじるしい特徴は、身体の動作としての「行為」に視点をすえ、人間の内面の意識のあり方に注意をむけない点である。和辻は「個人心理」の技法として倫理をとらえるのではなく、「行為の仕方」に着目する。つまり、ある集団が共有し、集団内の役割ごとに指定する「行為の仕方」に忠実に行為するか、それとも個人が独自の「行為の仕方」を創りあげ、他者の前に披露するか。その二つの方向のせめぎあいのなかに、個人性と社会性との相互否定が働いている。そして、両者のバランスのとり方が社会に共有され、時代をこえて根付いてゆくと、「型・常・習」が生まれる。倫理の具体的な現われは、それぞれの社会で人間関係を支えている「型・常・習」にほかならないのである。

その意味で、和辻の『倫理学』にJ・G・フレイザー、レオ・フロベーニウス、B・K・マリノフスキーといった民族学者、文化人類学者の著作が引用されていることが興味ぶかい。その「人間の学」の特徴として、倫理の原理からその具体的なあり方へとむかう思考が、習俗や倫理思想史の探究へと帰着するのは、当然の道筋であった。現在では忘れ去られているが、一九四〇年代に和辻の周辺にいた若い倫理学者の著作には、金子武蔵『実践哲学への道』(一九四六)、古川哲史『フランス倫理思想の研究』(一九四八)、佐藤俊夫『習俗』(一九六一)と、文化人類学、デュルケーム学派の習俗科学、日本の民俗学への関心を示す著作が見られる。

こうした志向は、哲学がその本領を逸脱し、思想史の検討を経由して、社会学や法学・政治学へと拡散してしまうことにつながるのかもしれない。その意味で、西田幾多郎や田邊元が、やはり国家や歴史の問題も哲学体系にとりこもうと試みながら、方法としては原理の探求に徹していたのとは好対照をなしている。しかし物事を真剣に考える人が、もしもそうした「純粋哲学」の営みにあきたらず、より広い視野で人間について、社会について考えようとするならば、和辻による「人間の学」の試みは、後世にも豊かな魅力をたたえてくるに違いない。

さらに詳しく知るための参考文献

『和辻哲郎全集』全二五巻・別巻二巻（岩波書店、一九六一～一九六三〔第一九巻まで〕、一九九一～一九九二〔第二〇巻以降と別巻〕）……和辻哲郎の仕事にふれるための基本文献。これまで三回印刷されているが、第三刷で第二〇巻が新しくなり、第二一巻以降と別巻二巻が付け加わった。ただし本文校訂に問題があるので、引用するさいには和辻生前の刊本や初出誌を利用することをお薦めしたい。附録の月報が三次にわたって発行されており、それぞれに有益な証言や論考が載っている。月報は図書館等で入手しにくいので、どこかでまとめて再刊してくれないものだろうか。

和辻哲郎『初版　古寺巡礼』（衣笠正晃解説、ちくま学芸文庫、二〇一二）……もっとも読まれたと思われる和辻の著書『古寺巡礼』は、戦後に大幅に改訂されている。その原型を示す「初版」は、若き和辻の情熱と、その背後に潜む暗いものをよく伝えるテクストであり、この版で読むのが一番いい。

和辻哲郎『初稿　倫理学』（苅部直編、ちくま学芸文庫、二〇一七）……これも全集に未収録のテクスト。改訂版である『人間の学としての倫理学』に比べて、和辻の思想形成の過程をよく伝える構成になっており、注もついていて、その思考の跡をたどるのに便利。またほかのテクストも追加して、和辻哲学入門としても使えるよう工夫した。

和辻哲郎『倫理学』全四冊（熊野純彦注・解説、岩波文庫、二〇〇七）……熊野純彦による解説と注が、詳しい理解を助けてくれる。読解への導きとして有益な解説は、のちに『和辻哲郎』（岩波新書、二〇〇九）にまとめられた。

和辻哲郎『日本倫理思想史』全四冊（木村純二注・解説、岩波文庫、二〇一一〜二〇一二）……これもまた、周到な作業によって詳しい注をつけ、和辻のテクストを立体的に読みとくことを可能にしてくれた、貴重な文庫版である。日本思想史の概説書としても読める。

和辻照『和辻哲郎とともに』（新潮社、一九六六）……和辻に関する本格的な伝記は、まだ存在しないが、その代わりとなる妻の回想記。周辺人物の追悼文を集めた本として、和辻照編『和辻哲郎の思ひ出』（岩波書店、一九六三）もある。

勝部真長『若き日の和辻哲郎』（PHP文庫、一九九五）……和辻照の本が語らない、和辻哲郎の青春期の行状について赤裸々に解明した一冊。『青春の和辻哲郎』（中公新書、一九八七）の改訂版。

坂部恵『和辻哲郎——異文化共生の形』（岩波現代文庫、二〇〇〇）……もとは一九八六年、「二十世紀思想家文庫」の一冊として刊行された。「日本的」思想家という従来のイメージを解体し、現代思想として和辻のテクストを読み解く、いまでも斬新な試み。

苅部直『光の領国　和辻哲郎』（岩波現代文庫、二〇一〇）……本講のもとになった筆者の理解を詳しく示すものとして、挙げておきたい。

第3講

鈴木大拙——禅を世界に広めた国際人

佐々木 閑

†貧しくも恵まれた少年期

国際語になった日本語はいくつもあるが、抜きんでて広く、そして意味深く用いられているのはZENという語であろう。それは単に「禅」という漢字の読みにとどまらず、日本仏教の特定の宗派を意味し、同時に、日本的風土、日本的文化と表裏一体の「特別な日本的気分」をも現す西欧語である。

ZENという語がこれほどまでに国際化し、日本的なものを示す用語として定着していった、その立役者が鈴木大拙《だいせつ》である。明治三年に生まれ、昭和四一年に亡くなる、その九六年の人生は、近代日本が国際化していく道程を体現するものであったともいえる。日本の禅を世界のZENにまで高めていった彼の功績は比類がない。日本が誇る世界的思想家として、鈴木大拙の名は、今も変わらず不滅の輝きを保ち続けているのである。

まずその生涯を概観してみよう。鈴木大拙は本名を鈴木貞太郎《ていたろう》という。一八七〇（明治三）年に、金沢の医者の家に生まれた。六歳の時に父を亡くし、母親の手で育てられたが、経済的にはかなり苦しかった。石川県専門学校付属初等中学科から、学校制度の改革により、第四高等中学校の予科三年（現在の金沢大学）に編入学したが家計が続かず、中途退学する。そのため第四高等中学校にはわずか一年間しか在籍できなかったのだが、この一年間が大拙の人生に大きな恵みを与えた。

大拙はこの間、多くの英文書籍に親しみ、エマーソンなど西欧著名人の思想に触れる機会を得た。また、後に東北帝国大学総長となる北条時敬《ときゆき》が、この時の大拙の数学教師であったのだが、北条は剣道や禅に造詣が深く、彼の影響で大拙は東洋思想にも興味を持つこととなる。そして最も重要な出来事が、同級生西田幾多郎《きたろう》との出会いである。この時期に出会った二人は、それを縁として一生の友人となる。大拙の思想形成にとって西田の存在は不可欠であるが、それもまた、この第四高等中学校時代の一年間を機縁としている。振り返ってみれば、大拙にとってはなんとも贅沢で恵まれた一年間であったということになるであろう。

第四高等中学校中退後、地元の小学校教師となるが、母親との死別を機に、二一歳の時、意を決して上京、東京専門学校（早稲田大学）で学び始める。それと同時に、北条時敬から聞いていた鎌倉円覚寺の今北洪川《いまきたこうせん》老師を尋ねて入門、参禅を始める。そしてこのころ、旧友の西田が金沢から上京してきて、大拙に学校を変わるよう勧めたため、西田と同じ東京帝国大学の選科に入学し、学問と参禅の両面生活を送ることとなった。

†国際的仏教者への道

大拙に禅の手ほどきをしてくれた今北老師は、出会った翌年に脳溢血で急逝してしまう。しかし大拙という人は、よほど出会いの運に恵まれていたのであろう、今北老師の跡を継いで円覚寺管長となったのが、かの名僧、釈宗演《しゃくそうえん》であった。大拙二二歳、宗演三三歳の出会いである。宗演は旧来の伝統に籠もることなく、スリランカ、中国、欧米などへ積極的に出かけて禅を語ることのできる希有な禅僧であり、生涯の弟子は千人を超えていたと言われる。そのような人と、二二歳という伸び盛りの時に出会い、大拙はみるみるうちに国際的禅者としての風格を身につけていった。

鈴木大拙（1870-1966）

二五歳にして見性《けんしょう》した（悟りを開いた）後、釈宗演の紹介で、米国イリノイ州ラサールのオープン・コート社という出版社の編集員となり、ドイツ人学者ポール・ケーラスのもとで働き始める。その後一一年にわたって西欧世界で研鑽を積むが、その間に、『大乗起信論』の英訳や、本格的デビュー作である『大乗仏教概論』（*Outlines*

結婚当時の鈴木大拙とビアトリス夫人（1912年頃）

of Mahāyāna Buddhism）を出版、さらには、敦煌文献調査を初めとした本格的仏教文献学にも第一歩を踏み出す。

三九歳で帰国すると、直ちに東京帝国大学および学習院大学で英語講師として教壇に立つ。四一歳の時、生涯の伴侶、ビアトリス・アースキン・レーン嬢と結婚。その後およそ三〇年にわたり二人は力を合わせながら、世界を舞台に活躍していくこととなるのである。

帰国後の大拙の活動を、大枠でまとめてみる。四〇代の大拙は、禅の啓蒙を活動の主眼とすることは当然ながら、スウェーデンの神学者、スエーデンボルグの著作紹介にも尽力した。科学者としてのすぐれた経歴を積んだ後、瞑想的直感によって霊界を体験したことで神学者となったスエーデンボルグの膨大な著作は、「我々は特殊な直感的体験により、世界の基盤となっている神秘存在を直接認識できる」という信念に貫かれており、大拙の世界観とも合致する。

決して一生を通じてスエーデンボルグに傾倒したというわけではないが、四〇代のこの時期の大拙が彼の著作に惹かれていたことは間違いない。

五一歳で真宗大谷大学教授となる（九〇歳まで在職）。東方仏教徒協会を設立し、現在も発刊が続く英文仏教誌『イースタンブディスト』を創刊。禅で暮らし、浄土真宗の大学で教鞭をとるというその姿は、禅と浄土系思想を「日本的霊性」の二本柱とする大拙の世界観をそのまま反映したものといえるであろう。

その後、一九六六年に九六歳で急逝するまでの大拙の仕事ぶりは、とてもこの小欄で書き切れるものではない。まさに世界を巡る八面六臂の大活躍である。近代日本を代表する国際人鈴木大拙の名は、今も世に鳴り響き、人心荒廃が叫ばれる二一世紀においては、その再評価が一層求められるようになってきている。

†悟りの体験

次に、大拙の思想について見ていく。九六年という長い生涯を通じて、ひたすら思索と啓蒙に専心した大拙の一生は、一大思想家として見事に完結している。人生にぶれがないのである。それを外から眺めれば、人格の結晶化とも言うべき、その美しい完結性に心が惹かれる。大拙が当時の無数の人々から敬愛され、今に至っても多くのファンを魅了している一番の理由はそれであろう。一個の思想が、人の姿をとって九六年を生き通した、という印象なのである。しかしながら、生き方の素晴らしさが、そのまま当人の思想内容の肯定条件に繋がるわけではないので、大拙がどのような世界観を持っていたか、という点に関しては客観的な視点から別個に考察する必要がある。

大拙の世界観を理解するための必須の要素は二つある。一つは、悟りの体験である。円覚寺管長であった釈宗演のもとで、瞑想と智慧の両面において鍛錬を続けていた大拙は、二五歳にして悟りを開いた。これを禅の用語で「見性」という。厳密に言うと、見性とは悟りそのものではなく、悟りに向かう道の第一歩を踏み出したという自覚のことを意味するが、ともかくこの時点で大拙は、日常においては認識することのできない超越的ななにものかと触れ合ったのである。「この世には、世俗的知性を超越した、究極の実体が存在している」という実体験は、大拙の世界観の確固とした基盤になっていく。

重要なのは、「世俗的知性を超越した、究極の真理がある」ではなく、「世俗的知性を超越した、究極の実体が存在している」と感じ取ったところである。前者ならばそれはそのまま、仏教の創始者シャカムニ仏陀（以後、釈迦と呼ぶ）の教えと合致するのであるが、後者ならば逆になる。釈迦は、「究極の実体などどこにもないという、究極の真理を見よ」と言った。「原因と結果の因果則だけで動くこの世において、我々生き物は果てしない苦しみを受け続けねばならない。その苦しみの根本原因は、ありもしない究極の自己を実体として追い求めるところにある。苦しみから逃れるためには、究極の実体などという妄念を捨て、世のありさまを正しく見ることのできる状態を修行によって実現するしかない」と説いたのである。これを一言で表して「諸法無我」という。しかし大拙は己の見性を通して、このような釈迦の教えとは違背する、究極の実体を感得した。この点、彼の悟りは、釈迦の悟りとは根本的に違うものである。

†『大乗起信論』との出会い

大拙を理解するための二つ目の要素は、古来有名な仏教哲学書である『大乗起信論』との出会いである。『大乗起信論』は、約一五〇〇年前の六世紀前半、南北朝時代の中国に突然現れた、漢文の本である。古代インドの著名な仏教哲学者、馬鳴《めみよう》（アシヴァゴーシャ）という人物がインド語で書き、それを真諦《しんだい》（インド名はパラマールタ）という学僧が中国語に翻訳した、という触れ込みで一気に中国仏教界に広まった。それ以来、大乗仏教の根本思想を簡潔明瞭に語る、最重要仏教書として、中国のみならず朝鮮半島、そして日本においても多大な影響を与え続け、日本に限っても、最澄、空海、源信、法然、親鸞、明恵といった高僧は皆、多かれ少なかれこの本を拠り所としてきた。

実を言えばこの本は、馬鳴の作どころかインドで作られたものでもなく、六世紀の中国で、インド語を知らない中国人が、さまざまな漢文資料（中にはインド語からの翻訳も含むが）から抜き出した引用文を寄せ集め、そこに自身の考えをはめ込んだ、一種のパッチワークであることが二〇一七年になって確認されたのであるが、もちろん大拙はそのような事実は知らない。『大乗起信論』は古代インドで作られた、大乗仏教の根本教義を語る最も重要な仏教哲学書だと信じて、この本と向き合った。そしてそこに、自分の悟りの体験を見事に実証してくれる文言を見いだし、こうして『大乗起信論』は大拙の世界観の栄養素となったのである。

『大乗起信論』は、「この世のすべての存在は真如である」と言う。真如とは本来、「あるがまま」という意味であるが、『大乗起信論』では、この世のあらゆる存在が、真如と呼ばれる超越的実在の現れだというのである。そしてその真如は、一面から見ればこの世の劣悪なあり方を構成していて我々を迷わせ苦しめるのだが、そのおなじ真如が、別の視点から見れば真理を体現し、我々に慈悲と安穏をもたらすのだと主張する。すべては真如に根ざしており、真如の現れなのだが、その本質に気づかない者は気づかないことによって苦しまねばならず、その本質を見抜くことのできる者は、そこに仏教が目指す究極の安楽を見いだすことができるという。

これは、『大乗起信論』独特の視点であり、おそらくは六世紀ころの中国北朝において流行っていた考えではないかと思われる。もちろん、釈迦の教えとは全く違うし、インド大乗仏教の系統でもない。

最初のアメリカ滞在期間に大拙はこの『大乗起信論』を英訳し、さらにはその主張を全面的に受け入れるかたちで、最初の著書『大乗仏教概論』を書いた。悟りの体験の中で感得した究極の実体が、『大乗起信論』の語る真如にぴたりと合一したことで、大拙は自己の思想の妥当性を確信し、それを西欧社会にむかって堂々と提示したのである。しかしこの『大乗仏教概論』は、一部の専門的仏教学者から痛烈に批判される。大拙の語る神秘的実体論は、インド大乗仏教の本流とはかけ離れた、ある種のヒンドゥー教だ、と言われたのである。

この体験を経て大拙は、自己の世界観を、大乗仏教全体に妥当する普遍的視点という立場から、日本とか、あるいは西欧に対してのアジアといった限定的領域で成り立つ局所的視点へと修正していく。もちろん真如という用語も変更し、大拙独自の「霊性」という造語を用いるようになる(もっとも、霊性という語はすでにはるか以前、平田篤胤が用いているのだが)。

†「霊性」の確信

こうして幾分の曲折を経て、鈴木大拙独自の世界観が完成した。世界の諸存在は、本来的には霊性と呼ぶべき、主観・客観の区別を超えた一元的存在の現れである。我々個々人もまた、霊性の現れである。その霊性は、人間の低レベルな知性によって把握されるものではなく、もちろん言語表現によって表示されるものでもない。その霊性を真に体得するには、矛盾状態をそのままに一体視できる超越的視点が要求される。それが実現できた時、人は、この世界にいながらにして霊性へと没入し、真の自由を得ることができる。そしてその霊性は、宇宙全体を包含する存在でありながら、その一方では、個別存在にも個別の様相をもって顕現するものであるから、たとえば「日本的霊性」といった、局所的存在としても現れ得る。たとえそれが局所的であっても、それを霊性として体得できる者には、その局所性のレベルでの真の自由が開けてくる。

このような大拙の世界観を、思想と呼ぶべきかどうか、判断が分かれるところであろう。ここに特定の世界観が示されていることは間違いない。中心概念が「霊性」であることも明白である。しかし、その霊性なるものが、どのように概念規定されるのか、その点は不明なままである。言語規定の域を絶対的に超越し、あらゆる個別存在の基盤でありながら、同時にそれが、個別存在そのものとしても顕現するなんらかの実体。愚かな知性的分別によっては決して把握され得ないものでありながら、実はこの世界を構成し、包含する唯一の真実存在。自己中心の卑俗な視点に立つ者には苦悩の元凶となるが、一旦すぐれた智慧でそれを捉えることができれば、そのまま即座に真の安楽と自由をもたらしてくれる究極の基盤。こういった表現で指示される霊性とはなにか。もちろん答えることはできない。「答えることのできないなにものか」として表現されているのであるから当然である。

言うまでもなく、大拙自身の立場に立ってみれば、それは悟りの体験によって感得した「それ」である。「それ」が実在することは自明のことであり、なんとかその事実を一般の人たちに啓蒙し、自分が確信しているのと同じ真の自由を獲得してもらいたいという、紛れもなく誠実な思いで霊性を説き続けた。その熱意と誠実さが人の心を魅惑し、そして近代日本を代表する思想家として不動の評価を得たのである。

†「霊性」とはなにか

しかしいくらそうやって、大拙の主張を肯定しようとしても、霊性の実体は見えてこない。「霊性」と名づけられた一種の記号がいたるところ、きら星の如くにちりばめられた大拙の著作を読めば、その迫力としつこさに、いつしかその実在を信じ込まされる読者もいるに違いないが、ふと気がつけば、霊性はなんらその実体を現さず、相変わらず記号のままである。

こうしてみると、霊性に関する大拙の言説は、思想というよりむしろ、思想を作成するためのフォーム（書式）と考えた方がよい。大拙の著作に現れる「霊性」という語をすべて一旦空欄にする。「霊性」→「　　」とするのである。そしてそこに、読者各人が心の中で感じているなんらかの神秘的実在を代入する。それが一体どういう概念であるかは、感じる人それぞれであるから一本化はできない。つまりそこは変数なのである。その変数に、各人が一番納得す

る名称をつけて代入する。そうすると各人それぞれにオーダーメイドの思想ができあがる。たとえば、

「霊性」→「真如」(『大乗起信論』)
「霊性」→「仏性、如来蔵」(後期大乗仏教の一系統である如来蔵思想、および密教。それが天台宗を初めとした多くの日本仏教の基本教義ともなっている)
「霊性」→「梵と、その個別顕現としての我」(ヒンドゥー教の梵我一如思想)
「霊性」→「浄土、極楽」(浄土教)
「霊性」→「霊界」(スエーデンボルグ)
「霊性」→「いのち、こころ」(現代の大衆迎合型仏教)
「霊性」→「大和魂」(日本人の特異性を信奉する諸思想)
「霊性」→「言語アーラヤ識」(井筒俊彦)

「浄土」「霊界」などは、大拙自身が代入し、霊性との同意性を主張したものであるが、大拙以降の、たとえば井筒俊彦が言う言語アーラヤ識なども、同じフォームに代入されるべきものである。

こういった様々な変数代入を、大拙の言説はすべて受け入れる。なぜなら霊性そのものの概念規定がなされていないからである。概念規定はされていないが、その作用、効能は明確に示されている。すなわち、愚かな知性には理解不可能ではあるが、世界の根源要素として実在し、すぐれた智慧を働かせた者だけが純粋経験によってその本質を感得し、そしてそれにより真の自由を手に入れることができる、という効能である。このような効能を持つ、なんらかの実体が世界の背後に存在していると考える者は皆、大拙のフォームを承認し、大拙支持者となる。実際には、代入する変数は人それぞれなので、それらの思想は決して同一ではないのだが、フォームの同一性が全体を包括しているかのように見せかけるのである。

大拙自身、フォームに代入する変数を変えたことによって自己の思想を浮動させている。戦前、大日本帝国の戦争参加を支持し、ナチズムに理解を示した大拙と、戦後になって強烈な軍国主義批判を展開した大拙の両面性について、その理由を推測する様々な論考も見受けられるが、「大拙の思想」なるものが、確定性のないフォームだと考えれば、両面性が表れてくるのは全く自然なことである。変数部分に代入する数値がほんの少し変わるだけで、フォーム全体の様相は全く違ってくる。大拙の両面性は、戦争を支持するのか拒否するのか、といったフォームの最終形で現れる重大な現実的分岐を前提として現れてくるのではなく、代入する霊性の本質に「国家」の概念を含めるのか含めないのか、といった日常的なレベルでのわずかな選択の違いから生じる。これは別の見方をするなら、大拙が強く承認する思想と、強く拒絶する思想が実際は、代入する変数の微少な差異から生じてくる類似の思想だということになる。おそらくここが、大拙の言説を理解する最も重要なポイントであろう。

大拙の言説が変数を含むフォームであることにより、そこにいかなる数を代入するかによって、現れてくる思想は多様に変化する。人はそれぞれに、そのフォームの変数部分に自分の嗜好に合った神秘存在を代入し、その結果として表れてくる世界観を「これこそが世界の実像だ」と考えて受け入れる。もともと嗜好に合った神秘存在を代入した結果であるから、それを、好ましい世界観として承認するのは当たり前のことである。大拙が提示するフォームには、「世界の背後には、凡人では理解できない神秘存在が実在している」と感じるあらゆる人の欲求を満足させる普遍性がある。皆が「ああ、やっぱりそうだったのか。私の感じたことは正しかったのだ」と自己確認することのできる安心のシステムである。それが鈴木大拙という思想家の人気の秘密、ということになるであろう。

†釈迦の教えと鈴木大拙

このように広大な寛容性を持つ大拙の言説ではあるが、皮肉なことに、仏教の創始者である釈迦の教えとだけは全く相容れない。釈迦は、大拙のフォームそのものを否定する。「世界の背後になんらかの神秘的実在を想定することが間違いだ」というのであるから、「霊性」↓「　」という定式そのものが成り立たない。したがって、大拙のフォームを用いて生み出される思想はすべて、釈迦の思想とは背反するということになる。その意味で大拙は、釈迦から最も遠いところに位置づけられる仏教者ということになるであろう。

筆者は以前、若き大拙の渾身の著書『大乗仏教概論』を、オリジナルの英語本から和訳した際、その「訳者後記」において次のように記した。（この『大乗仏教概論』という本は、学問的に見れば釈迦の思想を表すものではないし、大乗仏教を語るものでもないが）「だがもし、本書を、仏教学という学問世界の中に含めず、仏教という宗教の流れに置いてみるなら、それは『般若経』や『法華経』などの経典と同レベルに並ぶ『大拙大乗経』とも呼ぶべき新たな聖典の誕生を意味しているると思うのである」。

神秘的実在を感じ取る中で形成された大拙の世界観は、釈迦の教えからは遠く離れていったが、その分、「この世の背後に、言語説明を超えたなんらかの実体があるに違いない」と考える無数の人々の、共通の受け皿となってきた。それが大拙の価値であり、存在意義である。この視点からみれば大拙はまさに、「日本が生んだ、日本独自の思索家であった」と言えるであろう。

さらに詳しく知るための参考文献

鈴木大拙の代表的著作

＊鈴木大拙の著作のほとんどは『鈴木大拙全集　増補新版』（岩波書店、全四〇巻、一九九九〜二〇〇三）に収録されている。さらにそのほかに英文で書かれた本が約二〇冊ある。これらの膨大な著作の中で代表的なものを数冊挙げておく。

鈴木大拙著、佐々木閑訳『大乗仏教概論』（岩波文庫、二〇一六）……英文で書かれた、大拙の事実上のデビュー作。一九〇七年の出版。『大乗起信論』をベースにして、大拙独自の大乗仏教観を主張した本。後に「霊性」という概念が生み出される素地ともなった、大拙の思考の方向性を決めた一冊。『鈴木大拙全集』未収録。

鈴木大拙著、北川桃雄訳『禅と日本文化』（岩波新書、一九四〇）……大拙が欧米人のために英文で書いた、禅に関する解説書。禅と、剣道や茶道などの日本文化との関係性を丁寧に語っている。一九三八年の出版。

鈴木大拙『無心ということ』（角川ソフィア文庫、二〇〇七）……禅と浄土系思想を連結して、禅浄一致の独特の世界観を開陳した書。一九三九年の出版。

鈴木大拙『浄土系思想論』（岩波文庫、二〇一六）……浄土系思想に関する五編の論考をまとめたもの。一九四二年の出版。極楽を霊性の世界と見る、大拙独自の浄土観が示されている。

鈴木大拙『日本的霊性』（岩波文庫、一九七二）……大拙の代表的著作。一九四四年出版。禅、浄土信仰という仏教の二大思想を、日本人に現れた霊性として解釈する本。敗戦を見据えて、その後の日本人に新たな精神的基盤を示したいという大拙の熱情がくみ取れる。

鈴木大拙『霊性的日本の建設』（『鈴木大拙全集　増補新版』第九巻、二〇〇〇）……敗戦直後の一九四六

年に出版。戦渦の根本原因が平田篤胤一派の思想にあるとして、神道を徹底的に批判する。しかし鎌田東二が指摘するように、その平田篤胤こそが「霊性」という語を最初に使った人物であり、意外に大拙との距離は近い。

有用な研究書

大竹晋『大乗起信論成立問題の研究――『大乗起信論』は漢文仏教文献からのパッチワーク』(国書刊行会、二〇一七)……大拙が思索のベースとした『大乗起信論』という本が、実際には中国において作られたパッチワークだという事実を論証した研究書。今後、大拙の評価の要となる重要書。

安藤礼二『大拙』(講談社、二〇一八)……鈴木大拙を肯定的に語る最新の批評書。大拙の思想の根本である如来蔵思想を否定すると、日本の仏教のほとんどすべてが否定されてしまうので、それゆえ大拙を肯定しなければならない、といういくぶん情緒的動機で書かれている。右記の大竹の研究を踏まえた続稿が期待される。

釈宗演『禅海一瀾講話』(岩波文庫、二〇一八)……大拙の禅の師であった今北洪川による『禅海一瀾』を、その洪川の弟子にして大拙の大恩師ともなった釈宗演が詳細に論じた講話集。大拙本人に関する記述はないが、大拙の恩師二人の姿が浮かび上がる。

柳田国男――失われた共産制を求めて

赤坂憲雄

†都市と農村とを繋ぐために

柳田国男《やなぎたくにお》における戦前・戦中を語ることは、とてもむずかしい。柳田国男という思想にとっては、民俗学の体系化と組織化へと大きく舵を切っていった時期である。それは、明治期に農政学者として出発してから、さまざまな試行錯誤を重ねて、ついに日本文化の核に常民・祖先崇拝・稲作といった民俗文化を見定めていった時期でもある。そこにしだいに、民俗学という名付けをもって、柳田の後期思想の輪郭が浮き彫りになっていったが、当然とはいえ、それゆえに切り捨てられることになった思想の可能性や種子といったものが存在した。

わたしなどは、もっぱらそこに関心を寄せて、もうひとつの可能性としての民俗学を探究してきた、といっていい。それは、『柳田国男の発生』三部作（小学館）や『柳田国男を読む』（ちくま学芸文庫）などに示されており、ここであらためて語ることはしない。

『都市と農村』初版

昭和前期に属する柳田の仕事のなかで、論及されることはけっして多くはないが、重要な著作として『都市と農村』があると感じてきた。明治・大正期の思想を常民文化論へと架橋してゆくときの、秘められた鍵となる著作とも考えられる。『都市と農村』の初版は、一九二九（昭和四）年に朝日新聞社から刊行されており、定本や全集には収録されてきたが、文庫化されたのは最近のことである（岩波文庫、二〇一七）。

時代状況を色濃く反映してか、くりかえし「農村の衰微」という言葉が登場して、それが妙に古めかしい印象を与えているかもしれない。柳田はそれを、あくまで批判的にとらえて、日本の農村や農業の未来に前向きのヴェクトルで光を当てようとしている。そうして状況論に終わることなく、はるかに九〇年の歳月を経たいまでも読むに値する、示唆に富んだ著作でありえている。

柳田はそこで、あえてみずからの出自に根ざした生存の条件を、「今の都市人の最も普通の型、都市に永く住みながら都市人にもなり切れず、村を少年の日のごとく愛慕しつつ、しかも現在の利害から立離れて、二者の葛藤を観望するの境遇に置かれていた」（「自序」）と明らかにしている。いわば、柳田は自身が、農村から都市へと移住してきた新参者として、過去に置き去りにしてきた農村を体験的に熟知するがゆえに、農村と都市とを「同情ある回顧」(第九章)をもって繋ぐことができるはずだ、と語っていたのだ。みずからが拠って立つ場所を、農村と都市との境界に見いだしていたといってもいい。

これがじつは、明治以降の近代における日本の知識人たちのアイデンティティに絡みつく、むしろ普遍的な原風景であったことを忘れるべきではない。置き去りにしてきた過去としてのムラを、嫌悪や侮蔑とともに語るか、柳田のように「同情ある回顧」をもって思考の原基とするかによって、そこに開かれてくる日本文化の景観が大きく異なってくるのは、あまりに当然ではあったか。

柳田国男（1875-1962）

†原始共産制としてのユイ

この著作はたぶん、通奏低音のように反復される、日本の都市は「もと農民の従兄弟によって、作られた」(自序)というメッセージによって記憶されることになるにちがいない。それはさまざまに変奏されてゆくが、柳田がそこに凝視していたのは、日本の都市が帯びる固有のアイデンティティにかかわる、ある普遍的なイメージではなかったか。都市と農村とを繋ぐ有機的な絆を掘り起こし、再評価することこそが、緊要な課題として位置づけられていたが、それはきっと、二〇一〇年代の終わりに生きるわれわれにとっても大切な課題になりうる、とわたし自身は信じている。東日本大震災のあとの残酷なる現実を前にして、いつしかそう考えるようになったことを隠す必要はあるまい。

と同時に、震災後に『都市と農村』を精読する機会があって、わたしはある異形の言葉が散りばめられてあることに気づいて、茫然とさせられた。たとえば、農業組合について語りながら、柳田はこんなふうに語っていたのである。すなわち、「現在の共産思想の討究不足、無茶で人ばかり苦しめてしかも実現の不可能であることを、主張するだけならばどれほど勇敢であってもよいが、そのためにこの国民が久遠《くおん》の歳月にわたって、村で互いに助けて辛うじて活きて来た事実までを、ウソだと言わんと欲する態度を示すことは、良心も同情もない話である」(第八章)と。

ときは昭和四年、こうして批判的な留保とともにではあれ、あきらかに正統的な保守主義者であった柳田がなぜ、この一般読者向けの啓蒙書である『都市と農村』のなかで、あえて「現在の共産思想」に言及してみせたのか、気に懸かるところだ。偶然ではありえない、あきらかな意図をもって言及されていたのである。柳田はここでは、いまの共産主義的な思潮が「無茶で人ばかり苦しめてしかも実現の不可能である」ことを主張しているとして、その現実からの遊離を揶揄しているわけだが、奇妙な印象を拭うことはむずかしい。

柳田はそれに続けて、「そのためにこの国民が久遠の歳月にわたって、村で互いに助けて辛うじて活きて来た事実までを、ウソだと言わんと欲する態度を示す」ことへの批判を書きつけている。いかにも回りくどい物言いが選ばれているが、柳田はいわば、「現在の共産思想」の未熟さを批判しながら、村の伝統の内なるもうひとつの「共産思想」へと関心を差し向けることを、ひそかに読者に求めていたのである。それはとりあえず、「この国民が久遠の歳月にわたって、村で互いに助けて辛うじて活きて来た」、たとえば「村に昔からあった結合」としてのユイ（結）と呼ばれてきたものをさしている。

村の協同の一番古い形は、今なお誰にもわかるだけの痕跡を、労力融通の上に遺している。**ユイ**は近世の農業においては、必ず約同一数量の労力を以て償還することになっているが、家族と農場とに大小の差がある場合には、その計算は決して容易でない。以前の計算は恐らくは食物の供給を主とし、秋になってまた若干の生産物を分配する習いがあったのであろう。小正月の日の酒盛にその年の田人《とうど》を招いて、節の食事を共にする家などがあるのは、元は多分この契約の一つの方式であった。八月朔日《ついたち》を**タノム**の節供と名《なづ》けて、食物以外の贈品を交換した慣習も、まだ精《くわ》しく説明することはできぬが、やはり農事と関係があったことだけは確かで、信用組合を意味する古来の日本語、**タノモシ**という名詞と語原が一つだから、すなわち**ユイ**の制度の一部であったことが察せられる。（第八章）

ユイが「村の協同の一番古い形」として見いだされている。ユイとは協同労働をめぐる伝統的な慣行である、という起点から、どこへ読み手を誘おうとしていたのか。柳田はいったい、そこに、なにを浮かびあがらせようとしていたのか。たとえばそれは、中元という贈与慣行の源流としてのタノムの節供から、顔の見える対面関係のなかで金銭の融通がおこなわれた、信用組合の起源ともいえるタノモシ（頼母子）へと繋がってゆく、ユイという伝統的な制度の埋もれた線分ではなかったか。柳田はおそらく、それをムラの内なる原始共産制の萌芽として再発見しようとしていたのである。

†山野河海と生存権のかかわり

ユイはそもそも農耕にはかぎらない。漁労と狩猟には、より伝統的に完成された形のユイが見いだされる。たとえば、協同労働としての網曳きによる漁獲物は、浜で分配が終わるまではだれの私有とも認められなかった、という。由比という地名などに、その痕跡が残る。海草などの浜辺への漂着物についても、個人の採取には任せられず、あとでルールにしたがって分配される事例が少なくない、という。あるいは、共同狩猟においては、狩りの技量や分担にはかかわりなく、獲物は参加者のだれもが残らず分配にあずかることができた、という。つまり、山野河海という自然との交渉のなかに見られた「村の協同の一番古い形」にあっては、山の幸や海の幸といった獲得物は私有制の下には置かれていなかった。基本的には、平等の原則にしたがって分配されるものであった。柳田はそこに、原始共産制的なものを見いだしたのである。

それから山野雑種地の利用方法が、やはりまた固有の共産制度を、打毀したままで棄ててある。婦女幼若衰老の家々において、かつて辛うじてその家業を保持せんとした力は、同時に二つの側面から段々に狭められることになった。田植・稲扱《いねこき》の日にも手間返しができず、いわゆる落穂拾いの余得が許されなくなると、後家などの生計は浅ましいものになりがちで、以前は恥を包んで幽かな生存を繋ぐために、ただ一つの隠れ家は山林であった。凶年には村を挙げて野山の物を求めたごとく、このやや鷹揚なる入会権の利用が、多くの古田《こでん》の村を支えていた力は大であった。(第八章)

柳田のいう「固有の共産制度」は、しだいに壊れつつあった。婦女が多く、子どもや老人ばかりの、働き手の少ない家々は、田植えや稲刈りにおける手間返しができず、また落穂拾いの慣行が消えてゆくことで、相互扶助のネットワークから脱落していった。そして、伝統的に許されてきた、入会の山林原野に入り採取物を獲得することができなくなることで、いよいよ追いつめられていった。なにが起こったのか。生活に困窮した人々が働く場所であった共有地にたいして、行政が干渉をおこない、整理と分割によって私有地にされてしまったのだ。開墾権が濫用されて、条件のいい土地を資力ある者の持高に編入することも古くからの慣行であった。それ以前は、焼畑《やきはた》や切替畑《きりかえばた》の一作ずつの利用が、貧しい人々に許されていたのだ。

柳田はここで、ひたすら「固有の共産制度」の掘り起こしにつとめている。かつて、入会の山林原野は、飢饉のときや、困窮した人々が食いつなぐために働く場所であった。それは生存の最後のよすがとなるアジールであった。そうしたムラの内なる「固有の共産制度」が失われた場所に、それを埋め合わせるように、福祉という名の「慈善と救助」が導入される。いわば生存権の一部として、伝統的なムラが深部に埋め込んできたものが、社会福祉に置き換えられることで、かりそめの同情の産物に貶められてしまったのである。

柳田がそれを、失われた共産制の名残りとして眺めていたことを、あらためて確認しておきたい。近代において、ムラをひとしなみに貧しくしたものこそが、「共有林野の分割と譲渡、その他各種の外部資本の征服」（第九章）であったという認識こそが、まさしく民俗学者・柳田国男にとっての経世済民的な志の核にあったものではなかったか。そこにはたぶん、山野河海に私有以前の「無主・無縁」の世界を認めた歴史家の網野善彦に繫がってゆく、かすかな知の連結線を認めることができるにちがいない。失われた原始共産制の影がかすかに射している。

†椎葉村の社会主義について

むろん、こうした柳田の「固有の共産制度」の掘り起こしのかたわらに、焼畑や切替畑が姿を見せていたのは偶然ではない。明治期に農政官僚として視察の旅をおこなっていたとき、若き柳田は宮崎県の椎葉村《しいばそん》を訪ねている。その九州山地の山深い里では、焼畑と狩猟を中心とする生活が営まれていた。「九州南部地方の民風」(『柳田國男全集』23)という談話稿には、「社会主義の理想の実行さるゝ椎葉村」という項目がある。それによれば、この村における共有地の割当方法には不文の規則があり、「常畠、常田を多く所有し、家族の少ない家には、最少額三反歩《たんぶ》の面積を割当て、家貧しくして家族多き家には、最多額三町歩《ちょうぶ》迄を」割り当てる、という。

此共有地分割の結果を見ますと、此山村には、富の均分といふが如き社会主義の理想が実行せられたのであります。『ユートピヤ』の実現で、一の奇蹟であります。併し実際住民は必しも高き理想に促されて之を実施したのではありませぬ。全く彼等の土地に対する思想が、平地に於ける我々の思想と異つて居るため、何等の面倒もなく、斯《かか》る分割方法が行はるゝのであります。

ただし、この山村の人々の土地にたいする思想が平地人と趣きをたがえるのは、宅地や開墾地ではなく、共有地にかぎってのことである。この共有地については、「或一人が其上に稍《やや》永き排他的占有の権利を行ふことを蛇蝎《だかつ》の如く嫌つて」いる、と柳田は念押しをしている。これに関して、柄谷行人が『世界史の実験』（岩波新書）のなかで、「柳田は農政学者として協同組合について理論的に考えてきたが、ここに、「協同自助」の実践を見出した」のだ、と指摘している。まさに、『都市と農村』に語られていた「固有の共産制度」への関心は、柳田が若き農政官僚の時代から持続的にこだわり続けてきたものである。それは協同組合の思想の実践的な掘り起こしとして、ときおり顕在化したのである。

『都市と農村』が刊行された一九二九年には、柳田は東京中央放送局において、「産業組合の理想郷」（『柳田國男全集』28）と題した記念講演をおこなっている。そのなかで、明治期に始まった産業組合法の目的について、以下のように語っていた。

同胞多数の貧困には所謂自業自得を以て目すべからざるものがある。競争は元の力相如く者の間でこそ自由であることが尤も頼母しいが、徒に此の名を以て負けることの最初から明白

自宅書斎にて（1929年5月）

なる者を相闘はしたるは不当であり、その放任が又貧乏の主たる原因ではないか。資本の力が全経済界を蔽ふに至つて、此の弊は殊に疾く現はれる。結合に依らずんばその対抗の途を講ずるを得ずとあつて、乃ち相助の機関を設けたのであります。

『明治大正史　世相篇』（『柳田國男全集』5）の「第十三章　伴を慕ふ心」は、「団結は最初から共同の幸福がその目的であつた」という一文をもって始まっていた。そして、どれほど多くの弊害を内包しているとしても、「共同団結に拠る以外に、人の孤立貧には光明を得ることは出来ないのであつた」とも見える。柳田はまさに、孤立と貧困という問題を、自業自得（――つまり、自己責任だ）や自由競争（――つまり、弱肉強食か）の名のもとに放置するのではなく、共同の力、また協同の力に拠る相互扶助を実践するための機関＝協同組合によって解決へと導こうとしていたのである。民俗学者としての柳田国男は、それを、欧米モデルから解き放ち、あくまで「日本風の組合」（「農村生活と産業組合」『柳田國男全集』29）として豊かに構想することを願った。

†大いなる精神的所産として

その「農村生活と産業組合」と題された講演筆記には、「結《ゆい》と云ふ制度」に触れた一節がある。この結という制度は、北は青森県の端から南は沖縄まで、日本中どこにでも見いだされる。特定のときだけ労力をたがいに融通しあうのが結であるが、それは田植えなどの農業ばかりでなく、屋根葺きなどさまざまな場面に存在した、という。

柳田はそこで、以下のように述べている。

例へば農業には要らなくても狩には要る、狩には要らなくても漁業には要る、若くは物質的な制度には要らなくても精神的行動には要ると云ふやうに、昔からあつたものであつて、字は結と書くのであるが、結の字は組の字とも同じである。〈略〉一つの纏めた力である。今日は之を組合と言つたり講と言つたり契約と言つたり、それ〴〵別のものを使つて居るが、之は文字の教育の弊害であつて、文字で物を教へると文字が違ふ毎に物が違ふやうに考へるけれども、性質に於ては同じことである。詰り日本に若し産業組合が段々栄えて行くべき素質があつたとしたならば、それは人知れずの間に、却て文字のある人々が気の付かない間に、我々の祖先が三百年間四百年間労苦して結と云ふ制度を発達させて置いたお陰である。

講や契約から組合まで、柳田は「結と云ふ制度」の表出形態としてひと括りに眺めている。これはたぶん、多様な表われの底に沈められている根源をひとしくする原風景を、時空を超えて掘り起こす、柳田に固有の方法的立場であったかと思う。まるで呪文のように、「根源ひとつ」と唱える民俗学以前の柳田の姿が思いだされる。

さて、『明治大正史　世相篇』には、以下のような一節があった。そこでも、講・頼母子・無尽から共済組合までが、「結と云ふ制度」の一環をなすものとして再発見されている。

講が仲間の難儀を救ふ一種の共済組合となつて来たのはまた自然の推移であらう。さうしてその臨時的制度までが、次第に常設のものとなつたのも亦さういふ必要の存在を推測せしめる。頼母子《たのもし》はもあひと謂ふ地もあるが、元は講であつた。其永続を望んで無尽講と云ひ、或は万人講、牛馬講と云つたのも信仰の語から出て居る。無尽には最初から一致の目的があつた。やはり起原は神社仏閣の祈願参拝の入費を得んとしたのかも知れぬが、それでなくとも誰の家をたてやうとか、誰が金や或は牛馬が入用だとか云ふ時に無尽が起された。一人の或希望を合力するのが主であつて、それで寄貸講などの名も始まつたのであつた。一つの郷党では冠婚葬祭も亦一種の無尽であつた。即ち一度の救援を以て終るべきもので無かつた故に、追々に相互の法則が綿密に設けられた迄である。ゆひといふ制度も今は限局せられて居るが、曾ては共同作業の全般にも及んで居た。さうしてもあひといふ語の意味も是に近い。恐らく家が分解して個々の生計が小弱になつて後まで、尚談合を以て力の及ぶ限り古くからの共同を保留したので、特に新たに発明せられた方法では無かつたやうである。

手探りに、蛇行しながらの探究がおこなわれている。「結と云ふ制度」はかつて、共同生活のあらゆる局面に見いだされたのだ、という。あるいは、「農村生活と産業組合」においては、これについて、「日本の近世の一の大いなる精神的産物であつたところの結と云ふ制度」と述べられている。そして、そこには関心をそそられることがさりげなく指摘されている。この「結と云ふ制度」の弊害として、結の外にある者にたいして馬鹿にしたり、敵愾心《てきがいしん》を起こすことが挙げられているが、しかし、そこには少なくとも高圧的な指揮者はいなかったことに注意が促されている。相互に悪口も言えば、褒めあいもするような、お互いに「対等の結合」によって仕事がなされていたのだ、という。柳田がそこに、ムラにおける「自治」を見いだしていたことも忘れるわけにはいかない。

わたしはここで、語られることの少ない柳田国男の政治思想らしきものの一端を浮き彫りにしようと、あえてマージナルな場所から光を射しかけてきた。柳田が経世済民の志をもって、その組織化と体系化につとめた民俗学という知が、どこか好事家的な場所に押し込められてきたのは、なぜか。たとえば、『都市と農村』という重要な著作が、柳田民俗学であれ、柳田学であれ、真っすぐに論及されることがとても少ないことを、どう理解すればいいのか。そこにはあきらかに、柳田の政治思想が語られているが、われわれの側にそれと向かいあう覚悟がいくらか欠けていたのかもしれない。柳田その人を、俗なる政治の磁場から隔離しておきたい、という無意識の配慮が働いてはいなかったか。『都市と農村』の第九章に見える、「共有林野の分割と譲渡、その他各種の外部資本の征服」といった言葉を、われわれ自身がきちんと引き受けるとき、柳田国男はいま一度脱皮を果たすのではないか。

さらに詳しく知るための参考文献

藤井隆至『柳田國男　経世済民の学——経済・倫理・教育』（名古屋大学出版会、一九九五）……あらためて、ここから始めなければいけないと感じている。

藤井隆至『柳田国男——『産業組合』と『遠野物語』のあいだ』（日本経済評論社、二〇〇八）……『遠野物語』の読み方も変わらなくてはいけない、と思う。

柄谷行人『世界史の実験』（岩波新書、二〇一九）……思いがけぬ方位から始まった、柳田再評価の動きに驚かされた。

赤坂憲雄『山の精神史』『漂泊の精神史』『海の精神史』（柳田国男の発生　三部作）（小学館、一九九一・一九九四・二〇〇〇）……柳田の思想的な可能性を問いかけている。

赤坂憲雄『柳田国男を読む』（ちくま学芸文庫、二〇一三）……可能性と無意識のあいだを往還しながら、柳田国男を探していた。

第5講

谷崎潤一郎——「今の政に従う者は殆《あや》うし」

千葉俊二

†関東大震災後の谷崎

一九二三（大正一二）年九月一日に起こった関東大震災によって、谷崎潤一郎の文学は前後に二分される。地震が起きたときに谷崎はひとりで箱根に滞在し、芦ノ湖畔から小涌谷へむかうバスのなかにいた。

当時、谷崎は横浜の山手に住んで、一日靴を脱ぐことのないような洋風生活を営んでいた。小田原から東京方面は壊滅的な被害をこうむり、すべての交通手段はストップされた。ただ、三島から西へ行く列車は動いているということで、谷崎は三島から大阪へ行って、大阪朝日新聞社に飛び込んだ。そこで体験談を口述筆記し、長篇小説の執筆の約束をして、その原稿料を前借りし、神戸から船で東京へ帰った。

東京で無事に家族に再会することができた谷崎は、横浜の家も全焼してしまったので、そのまま船でふたたび神戸へ向かい、関西の地に避難した。後年、「ほんの一時の避難のつもりで関西へ逃げて来たことが、私を今日あらしめた第一歩であつたやうに思はれる」(「東京をおもふ」一九三四)と語っているが、この関西移住が谷崎文学にとって決定的に大きな転機をもたらすことになった。

関東大震災は谷崎ひとりに大きな転機をもたらしたばかりでなく、東京中心だった日本の文壇全体を震撼し、大きな転換をうながすことになった。大正文学の中心にあって、それを主導した「白樺」が、震災で九月号が印刷所もろとも焼失したのを機に廃刊された。これに入れ替わるようにして、翌一九二四年には六月に「文芸戦線」が、一〇月には「文芸時代」が創刊された。前者はプロレタリア文学運動の中心となり、後者は横光利一、川端康成らの新感覚派の拠点となり、ともに実質的な昭和文学の出発点となった。

このプロレタリア文学とモダニズム文学の新しい文学運動に挟み撃ちにされた明治・大正期に活躍した既成文壇の作家たちは、動揺と混迷とを深めていった。平野謙の提唱した〈三派鼎立〉である。一九二七(昭和二)年六月の宇野浩二の発狂と七月の芥川龍之介の自殺は、こうした時代を象徴する出来事だった。谷崎は自殺する直前の芥川と、〈小説の筋《プロット》〉論争と呼ばれる文学論争を展開したが、この論争はちょうどこの時代に起こった一九世紀的な世界観の見直しということにも深くかかわる問題をはらんでいた。

ヨーロッパでは一九一四年に第一次世界大戦が勃発し、一九一八年に戦争が終結するまで四年を越えて戦闘状況がつづき、ヨーロッパ諸国は疲弊した。一八一五年のワーテルローの戦いから約一〇〇年間は、ヨーロッパには大きな戦争もなく比較的安定し、経済的にも繁栄して、合理的な知性に支えられた近代社会が構築された。が、第一次世界大戦はその一九世紀からつづく近代の文明社会を根底から崩壊させてしまったのである。

大戦後のヨーロッパには、戦争という破壊行為を抑止できなかった理性による合理主義の限界を見きわめ、ダダイズムやシュールレアリズムなど新たな時代に即応する価値観や知覚の変容を迫る芸術運動が起こった。日本ではそれがちょうど関東大震災による破壊とそこからの復興という大正末から昭和初期へかけての時期と重なる。「話」らしい話のない「歯車」を遺稿として、「将来に対する唯ぼんやりした不安」(「或旧友へ送る手記」一九二七)から自殺を遂げた芥川と谷崎の論争も、こうした世界史的な大きな時代の転換期に関連するものだった。

谷崎潤一郎(1886-1965)

†〈痴人〉の系譜

関西移住後に最初に書いた長篇小説は「痴人の愛」であった。震災直後に「大阪朝日新聞」に連載を約束したものだが、これは、いってみれば震災直前に「東京朝日新聞」へ連載した「肉塊」(一九二三)の焼き直しのようなものである。読者は大阪圏の購読者に限られるので、谷崎は手慣れたテーマを手軽な一人称の手法で、震災前の東京と横浜を舞台とした物語を気軽に書きはじめたのだと思われる。

「君子」と綽名された模範的なサラリーマンだった河合譲治が、ナオミというひとりの少女に出会って、彼女を自己の理想とする女性に育てあげようとする。が、精神的には譲治の期待を裏切りながら、肉体的に理想以上の存在となったナオミの魅力に、譲治は抗することができなくなってしまう。譲治はその我が儘をすべて甘受して、ひたすら彼女を拝跪する〈痴人〉となりおおす。

谷崎の小説の第一作は一九一〇(明治四三)年に発表された「刺青《しせい》」である。「其れはまだ人々が「愚《おろか》」と云ふ貴い徳を持つて居て、世の中が今のやうに激しく軋《きし》み合はない時分であつた」と書き出される。谷崎文学を特色づけるもっとも顕著なものは、この「愚」という貴い徳である。理性や合理性を尊ぶ近代の価値観からすれば、〈愚〉であるよりも〈賢〉であること、〈痴〉よりも〈知〉が求められる。性欲の力に抗しきれず、性的な魅惑の世界に耽溺することは、近代においては〈愚〉や〈痴〉といったマイナスの価値でしかない。

また「世の中が今のやうに激しく軋み合はない時分」とあるが、この一九一〇年は国内的には大逆事件が起こり、対外的には韓国併合が行われるなど、大きな政治の動きがあった年であった。「刺青」の次に発表された「麒麟《きりん》」では、「鳳兮鳳兮、何徳之衰也、往者不可諫也、来者猶可追也、已而已而、今之従政者殆而」（鳳《ほう》よ鳳よ、何ぞ徳の衰えたる。往く者は諫むべからず、来たる者は猶お追うべし。已《や》みなん已みなん。今の政に従う者は殆《あや》うし）というエピグラフを掲げている。これは『論語』からの引用だが、老荘思想を体得した接輿という隠者が孔子に投げかけた批判の言葉である。「今の政に従う者は殆うし」とは、非政治的であった谷崎が抱いた時代への違和感の表明であった。

谷崎の文学世界は、天下国家の政治的な問題には背を向けて、人間がどうしても棄て切れない負の価値へこだわりつづける。最晩年の「瘋癲《ふうてん》老人日記」（一九六一〜六二）は、息子の嫁にあさましい性的欲望をいだく瘋癲老人が、その嫁とピンキー・スリラーを演じたり、はてはその足型を墓石に彫ってその下に永遠の眠りにつこうとする。まさに人間のいつわらざる本性をあらわにしたといえるが、〈愚〉―〈痴〉―〈瘋癲〉といった病ダレの系譜は、谷崎の生涯にわたって変わることのない文学的テーマであった。

†「春琴抄」の達成

震災以前の谷崎は、西洋や中国など遠い彼方の世界に自己の夢想を投影した物語や、最初に結婚した千代夫人との不和、および千代夫人の妹のせい（「痴人の愛」におけるナオミのモデル）への惑溺といったモティーフを描きつづけた。肩の力を抜いたようにして書き出された「痴人の愛」は、関西の地に逃れてきて、空間的にも時間的にも過去の自己を対象化してとらえることができたのか、結果的に前期の作風を集大成する作品に仕上げることができた。

谷崎は「ほんの一時の避難のつもりで」逃げてきたのだが、その関西の地にいつしかどっしりと根を下ろすようになる。それは関西の地に残る古い日本の伝統文化の古典的な美しさに魅惑されたからである。京、大阪は、薄っぺらな新興都市にすぎない貧寒たる東京とは、その歴史的な重みにおいて比べものにもならない。谷崎は次第に関西の風土や風俗習慣に根ざした日本古来の伝統文化に触発された古典主義的な作品を書くようになり、その作風を一変させることになる。

ふた組の男女が複雑に入り組んだ色恋沙汰を展開する「卍《まんじ》」(一九二八〜三〇)は、はじめ標準語で書き出されたが、物語が進むにしたがって大阪言葉が多用され、のちに全篇が女性の一人称による大阪言葉の語りに統一された。また同時併行的に連載された「蓼喰《たでく》ふ虫」(一九二八〜二九)は、千代夫人との夫婦間の不和に取材しながら、西洋崇拝の夢から醒めて、次第に関西の風土や文化をとおして古典的な伝統世界へ魅せられる主人公の姿を描く。谷崎文学における伝統への回帰が、ここにはっきり刻印されている。

当時、細君譲渡事件としてジャーナリズムを騒がせたが、懸案だった谷崎の夫婦の問題も、一九三〇（昭和五）年に千代夫人が佐藤春夫と結婚することで決着した。谷崎は二一歳も若い古川丁未子《とみこ》と再婚したが、その結婚生活も永くつづかなかった。一九二七年三月の初対面以来、親しく交際していた船場の根津商店の御寮人様、根津松子への恋情がおさえきれないものとなったからである。谷崎は松子を文学的ミューズとし、松子からさまざまなインスピレーションを受けて、「吉野葛《よしのくず》」「盲目物語」「武州公秘話」「蘆刈《あしかり》」「春琴抄《しゅんきんしょう》」と昭和初年代の文学史に残るような名作群を次々と発表していった。

谷崎は松子への恋文（昭和七年九月二日付）に、「一生あなた様に御仕へ申すことが出来ましたらたとひそのために身を亡ぼしてもそれが私には無上の幸福でございます」と書いている。松子をモデルに描いた作品群は、「春琴抄」（一九三三）で頂点に達する。大阪道修町《どしょうまち》の薬種商の娘春琴は盲目だが、まれな美貌の持ち主だった。我が儘で、気むずかしかったが、音曲の天分にすぐれ、丁稚の佐助がいつも春琴の手曳きをした。やがてふたりは一緒に生活するようになるが、春琴は何者かによって顔に火傷をおわされる。佐助はみずから針で目をつぶし、永遠に美貌の春琴を自分の内心にとどめ、終生春琴へ献身的に仕える。

この作品が発表されるや、「ただ嘆息するばかりの名作で、言葉がない」（川端康成）、「聖人出づると雖も、一語を挿むこと能はざるべし」（正宗白鳥）といった賞讃の声につつまれた。まさに「春琴抄」は、テーマと手法と文体がしっかりとからまった谷崎文学のひとつの到達点であった。が、皮肉なことに最高傑作を書いてしまった作家は、作家としての最大の危機に遭遇したということでもある。次にそれを超える作品を生みだすことが難しくなるからである。谷崎とても決してその例外ではなかった。

伊藤整は、谷崎に生前一度だけ褒められたことがあるといっている（『座談会　大正文学史』一九六五）。それは「春琴抄」の評価に関して、佐助の目をつぶす行為には昭和初年代の混乱した日本の現実に目を閉じ、関西に残る日本の伝統美のなかに閉じ籠もろうとした作者の気持ちが象徴されているのではないかという伊藤の読みを、谷崎がことのほか喜んだというのである。「今の政に従う者は殆うし」という姿勢は、ここにおいても貫かれていたということが分かる。

†「源氏物語」の現代語訳

「春琴抄」完成後、谷崎は「顔世《かおよ》」「聞書抄《ききがきしよう》（第二盲目物語）」といった松子からインスピレーションを受けた作品を書き継いでゆくが、もはや出がらしの二番煎じでしかない。自己の文学の方向を大きく切り換える必要に迫られることになったが、そんな折に中央公論社社長の嶋中雄作から「源氏物語」の現代語訳の仕事の話が持ちこまれた。谷崎にとっては渡りに船だった。以前から執筆の約束があった「猫と庄造と二人のをんな」（一九三六）を完成させると、「殆ど文字通り「源氏に起き、源氏に寝《い》ねる」と云ふ生活」（「源氏物語序」一九三九）がはじまり、一時創作から離れて「源氏物語」の現代語訳の仕事に没頭することになる。

一九三三（昭和八）年一月一六日付と推定される谷崎の根津松子宛書簡には、「源氏湖月抄」を届けがてら、「御寮人様ほど源氏を御読み遊ばすのに似つかはしい方がいらつしやいませうか、源氏は御寮人様が御読み遊ばすために出来てゐるやうな本でございます」と記されている。「源氏物語」現代語訳は、ある意味、松子に自分の訳で「源氏物語」を読ませたいという欲望に動かされたものでもあった。一九三三年にはウェイリーの「源氏物語」英訳もちょうど完成し、正宗白鳥がそれを絶讃する文章を書いたりしたこともその企画を後押ししたのだろう。

谷崎が実際に「源氏物語」現代語訳に取りかかったのは、一九三五年夏からである。これに着手するにあたって、谷崎は研究者による校閲を望んだ。「源氏物語」が天皇の妃と皇子の姦通、および不義の子への皇位継承を扱っているので、時節柄、朝憲紊乱《ちょうけんびんらん》罪に問われかねない危険性もはらんでいた。社の意向として普通の源氏物語学者より国体明徴的な研究者がいいということで、東北帝国大学教授の山田孝雄《よしお》に決まった。藤壺と光源氏のエピソードをはじめ、山田から指摘をうけた国体と抵触する箇所をすべて削除せざるをえなかった。

はじめ二年間の予定で取り組んだが、第一稿の脱稿まで丸三年かかった。一九三八年九月九日に三三九一枚の第一稿を脱稿し、さらに修訂・推敲を加えて、最終的に完成するまでに六年もの時間を要した。その間、一九三七年七月七日の蘆溝橋事件を契機に日中戦争が起こり、同年一〇月一〇日付の嶋中雄作宛書簡では「時局が長引いた場合でも、完結すれば出版する御考へでせうか。私はなるべくなら平和になるのを待ちたく思ひます」と、その出版も時局との関連で気をもまなければならないようになる。

「源氏物語」は、すでに一九三三年一一月の時点において番匠谷英一《ばんしょうやえいいち》脚本による劇の上演禁止ということがあった。一九三八年には小学六年生用の国定教科書『小学国語読本』巻一一に「源氏物語」が収録された。紫式部の伝記と源氏物語の紹介、および若紫と末摘花からの抜粋であったが、「国語解釈」主幹の橘純一は「源氏物語は大不敬の書である」(「国語解釈」一九三八年七月)を掲げ、その是非をめぐって論争が繰り広げられた。そうしたさなかの一九三九年一月に『潤一郎訳　源氏物語』の刊行が開始された。

戦後の一九五一年五月から刊行がはじまった『潤一郎新訳　源氏物語』において削除箇所のない全訳が完成されたが、その序文に谷崎は「私が(旧訳の)翻訳の業に従ひつゝある前後五六年の間に、事変の様相が次第に深刻さを加へるにつれて、軍の圧迫がます〳〵苛烈になつて来たので、私は最初に考へたよりも、より以上の削除や歪曲を施すことを余儀なくされた」と記した。はじめ五万部出れば成功と考えられていたが、第一回の配本ですでに一七、八万部まででいき、営業的には大成功だった。「細雪」にしてもそうであるが、谷崎としては意図せざるかたちで時代に抗する文学になったといえる。

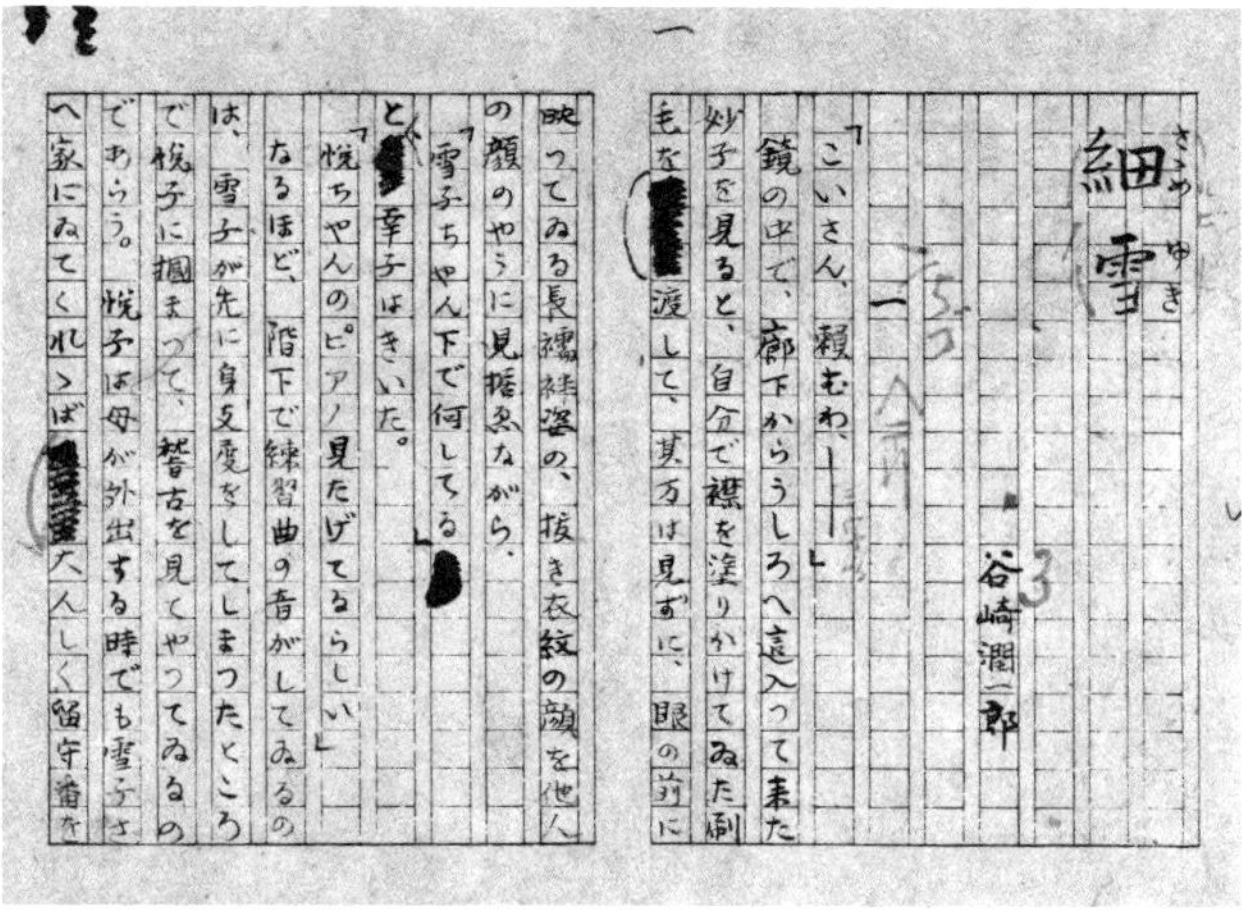

細雪《さゝめゆき》

谷崎潤一郎

一

「こいさん、頼むわ。―」

鏡の中で、廊下からうしろへ這入つて来た妙子を見ると、自分で襟を塗りかけてゐた刷毛を[redacted]渡して、其方は見ずに、眼の前に映つてゐる長襦袢姿の、抜き衣紋の顔を他人の顔のやうに見据ゑながら、

「雪子ちやん下で何してる」

と[redacted]幸子はきいた。

「悦ちやんのピアノ見たげてるらしい」

なるほど、階下で練習曲の音がしてゐるのは、雪子が先に身支度をしてしまつたところで悦子に掴まつて、稽古を見てやつてゐるのであらう。悦子は母が外出する時でも雪子さへ家にゐてくれゝば[redacted]大人しく留守番を

『細雪』冒頭の原稿（中央公論新社提供）

†「細雪」から晩年の問題作へ

一九三五（昭和一〇）年に松子と結婚した谷崎は、「源氏物語」の翻訳に没頭しながら、松子との日常におけるエピソードを折々にメモを取るようになった。新全集第二五巻に収録された創作ノート「松の木影」「続松の木影」がそれであるが、やがてそれは「細雪」の構想につながってゆく。作者自身の回想によれば、「細雪」ははじめ「三寒四温」と題し、「その頃の芦屋夙川辺の上流社会の、腐敗した、廃頽した方面を描くつもりで」、もっと長いものにする予定であったが、時局の関係で最初の構想のままにすすめることができず、軍当局の忌諱《きき》にふれぬよう範囲をずっと縮めて書くことにしたという（「「細雪」を書

いたころ」一九六二）。

谷崎文学の最大の長篇小説「細雪」は、第二次世界大戦の最中の一九四三（昭和一八）年一月から「中央公論」へ連載が開始されたが、三月号に二回目を発表しただけで、以後は時局に沿わないものとして軍部より掲載中止を命じられた。発表は禁じられたが、谷崎は稿を書きすすめ、翌年に上巻を私家版として自費出版した。その年の暮れには中巻も完成したが、私家版の刊行も難しくなっていた。本土への空襲がはじまると、岡山県の勝山《かつやま》に疎開して、なお原稿を書きつづけた。完成したのは戦後の一九四七年で、終戦をはさんで前後六年を費やした。戦争中に執筆が開始されて、戦後にほとんど手直しすることなく書き継がれて出版、完結されたということは希有なことである。

大阪船場に店舗をもつ旧家蒔岡《まきおか》家には、鶴子、幸子、雪子、妙子の美しい四人姉妹があった。長女の鶴子は銀行員の辰雄を婿養子に迎えて本家を継いだが、養父の死後、船場の店を人手に売り渡して、もとの銀行員となり東京へ転任する。次女の幸子は婿養子貞之助を迎え、分家して阪急沿線の芦屋に住んでいる。三女の雪子と四女の妙子は、堅苦しい本家を嫌って、幸子のところに居ついてしまう。雪子は、京美人であった母親に似て日本趣味が勝っているが、少し因循すぎるほど引っ込み思案の内気な性格である。いつしか婚期を逸して、もう三〇歳にもなっている。

「細雪」は雪子の五回にわたる見合いを軸に、雪子とは対蹠的なまでに活動的な妙子の異性関係を綯《な》い交ぜて、ふたりの妹への細かな心遣いを示す幸子の姿を描きだす。時代は一九三六年の秋からはじまって、一九四一年の春までつづく。一九三八年七月に阪神間を襲った山津波による洪水があり、幸子の流産がある。その間に花見や螢狩り、月見、観劇などといった年中行事が適宜にはめ込まれて彩りを添える。三五歳になった雪子は子爵御牧《みまき》家の庶子実《みのる》との縁談がようやくまとまり、幸子夫婦と挙式のために東京へ向かう。

「源氏物語」現代語訳のあとを受けて書かれたこの長篇は、日本伝来の絵物語的形式のうちに戦前の阪神間の典型的なブルジョワ家庭を描きだす。儀式ばった伝統の重圧を受ける本家とは対称的に、芦屋の分家は日本の伝統文化の基礎のうえに欧米文化をも十分に吸収しながら、それなりに調和のとれた生活様式を確立していた。花見の折、幸子は「散る花を惜しむ」心をもって「妹たちの娘時代を」惜しむが、この作品の筆を執りはじめたときには、すでに戦争によって蒔岡姉妹の生活を支えた文化の基盤そのものも崩壊を余儀なくされていた。谷崎自身、散る花を惜しむように、二重の愛惜をもって戦前の豊かな文化のなかに生きたこの美しい姉妹の物語を文字に止めることを願ったのだろう。

晩年の谷崎は、「少将滋幹《しげもと》の母」(一九四九～五〇)、「鍵」(一九五六)、「瘋癲老人日記」(一九六一～六二)で老人における性の問題を取り扱った。「鍵」の連載中にはその性描写をめぐって芸術かワイセツかと話題とされた。ちょうど売春防止法審議中の国会の法務委員会でもこの問題が取りあげられて、スキャンダラスに報道された。「今の政に従う者は殆《あや》うし」と直接的に政治問題に関与することを避けつづけてきた谷崎には思いもよらないことだった。たまたま時代の動向と谷崎的テーマとが触れあってしまったのである。

人生一〇〇年時代となり、多くの人が長生きするようになった今日において、ここで谷崎が話題とした老人における性の問題は深刻な問題としてクローズアップされる。人間はいくら齢を重ねても仙人のように枯れるものではなく、性の妄執に取りつかれた存在である。生と死とが綯い合わされた老人の性の問題を、谷崎はいち早く文学的なテーマとして取りあげた。駕籠の簾《すだれ》の蔭からこぼれた女の素足との出会いを描くところからはじまった谷崎文学は、生涯ブレることなく自己の文学テーマを追いつづけ、愛する息子の嫁の仏足石の下に永遠の眠りにつく瘋癲老人の夢を描くことで、見事にその円環を閉じたのだといえる。

さらに詳しく知るための参考文献

野村尚吾『伝記谷崎潤一郎』（六興出版、一九七二、改訂新版一九七四）……谷崎の生涯にわたって書かれた本格的な伝記。

野口武彦『谷崎潤一郎論』（中央公論社、一九七三）……初期から晩年に至るまでの作品を綿密に論じた長篇作家論。

大谷晃一『仮面の谷崎潤一郎』（創元社、一九八四）……関西移住以後の谷崎の足跡を多くの人たちに訊ねながら描きだした評伝。

水上勉・千葉俊二『増補改訂版　谷崎先生の書簡——ある出版社社長への手紙を読む』（中央公論新社、二〇〇八）……中央公論社社長の嶋中雄作宛書簡をめぐって昭和初年から終戦期までの谷崎の生活と文学を跡づけたもの。

千葉俊二編『谷崎潤一郎の恋文——松子・重子姉妹との書簡集』（中央公論新社、二〇一五）……昭和期の谷崎文学を支えた松子宛の谷崎書簡と松子からの谷崎宛書簡を翻刻した第一級の一次資料の紹介。

第6講

保田與重郎——「偉大な敗北」に殉じた文人

前田雅之

†保田における戦前と戦後

異論を承知の上で昭和を代表する文芸批評家を二人に絞ってみると、小林秀雄（一九〇二～八三）と保田與重郎《やすだよじゅうろう》（一九一〇～八一）に指を屈することになるのではないか。むろん、批評の質や論の射程といった中身の問題に加えて読者層、当時の社会思潮に与えた影響度で判断した推断である。だが、小林と保田とでは時代を通した影響度において決定的な差異が見出される。というのも、戦前・戦後を通して文壇において批評の神として君臨し続けた小林に対して、保田の影響度はほぼ戦前に限定されるからに他ならない。保田にとって戦後とは長く抹殺状態に置かれていた時間であった。連載中の『本居宣長』を励まし続けた保田に対する報恩の思いで密葬に駆けつけた小林ではあったが、二人の歩みは恐慌・危機・戦争・敗戦といった例外状態が続出した激動の昭和という時代の空気を幾分かは表象していようか。そこで、まずは保田における戦前と戦後の落差を確認しておきたい。

保田は、一九三二（昭和七）年、まだ東京帝大二年生だった二二歳（満年齢、以下も同じ）で小説・批評を書き始め、翌三三年には、『セルパン』・『文学』・『思想』などの依頼を受けるいっぱしの物書きになっていた。そして、三六（昭和一一）年には、初期の代表作『日本の橋』・『英雄と詩人』を相次いで上梓し、第一回池谷信三郎賞を受賞した。二六歳にして批評家としての地位を確立したのである。文藝批評家としては他に例を見ない若さであった。

加えて、敗戦までの一二年間にものした量も半端ではなかった。それは全集四五巻のうち二四巻分に相当している。ちなみに、八歳上の小林は、二七歳の二九年、『改造』懸賞評論に応募した『様々なる意匠』が二席となって、どうにか批評家デビューを果たしていたものの、質はともかく戦前の執筆量においては保田の半分にも及んでいない。そういう保田ではあったが、病臥、憲兵の監視、さらに自ら思うところもあって戦時下の四四年秋から断筆していた。それに追い打ちを掛けるかのように、四五年三月、保田は、年齢ばかりか病臥状態であった事情も考慮されず応召し、中国石門（現石家荘）の陸軍病院で生死の境を彷徨いつつ、容体がやや落ち着いてきた頃に敗戦を迎えたのである。まだ三五歳であった。とはいえ、文壇に認められた三三年から断筆する四四年秋まで、言い換えれば、昭和が最も激動の最中にあった一〇年あまりは、ざっくり言えば、保田の時代であった。

その具体例を一・二挙げてみよう。一九六〇年、『日本浪曼派批判序説』において、はじめて保田の内在する思想に深く踏み込んだ本質的な批判を展開した橋川文三（一九二二〜八三）は、同著で自らが保田に「いかれた覚えのある」（傍点原著）ことを告白している。言ってみれば、橋川の保田体験を超克するための自己否定を含む痛切な試みが同著であったということになろうか。他方、戦後、『喜劇急行列車』などの喜劇映画で巨匠となった瀬川昌治《まさはる》（一九二五〜二〇一六）は、学習院の一学年上にいて保田とも個人的に交流をもっていた三島由紀夫（一九二五〜七〇）以上に保田に嵌まっていた（『乾杯！　ごきげん映画人生』二〇〇七）。さらに、蓮田善明《ぜんめい》（一九〇四〜四五）らと共に、保田が創刊した『コギト』と並ぶ、語弊を厭わず言えば、「国粋的」傾向の強い文芸雑誌『文藝文化』の同人であった清水文雄（一九〇三〜九八）は、教員として瀬川・三島と親しく交流しつつ、保田に対してはほぼ絶讃かつ敬仰の態度で一貫していたのである（『清水文雄「戦中日記」』二〇一六）。

保田與重郎（1910-1981）

しかし、敗戦後、誰が密告したのか、公職追放の身となり、相次いで罵声に近い批判に塗れ、保田は文壇から抹殺されてしまった。保田と同世代の作家・批評家であった杉浦明平《みんぺい》（一九一三〜二〇〇一）によれば、「思想探偵として犬のやうに鋭敏で他人の本の中の赤い臭をかいではこれを参謀本部第何課に報告する仕事」をしていたのが保田だとのことである（「保田與重郎」一九四六、『暗い夜の記念に』一九五〇）。現在、杉浦発言は妄言であったことが判明しているが（もしそうだったら、懲罰的に召集されるだろうか）、こうした罵声を信用する向きが当時は多数派であった。

そのためか、一九六四年、『現代畸人伝』（新潮社）によって漸く文壇に復帰し、その後、『日本の美術史』（六八）・『日本浪曼派の時代』（六九）・『日本の文学史』（七二）・『わが萬葉集』（死後八二年に刊行）と、戦後の重要な著作がものされていくが、八一年の死に対しても、小林秀雄を除いて文壇はひどく冷淡であった（桶谷秀昭「学術文庫版まへがき」、『保田與重郎』講談社学術文庫）。代表的な文芸誌が保田の追悼号を編むこともなかったのである。

同人雑誌『コギト』（1932年3月創刊）

戦前、左翼から転向し、戦時は積極的に戦争協力者であったのに、戦後、何食わぬ顔で左翼に復帰した文人・学者はそれなりの数に上ったけれども、敗戦を境にこれほど評価が激変した文人は保田ぐらいのものだろう。たとえば、戦争讃美詩を含む『春のいそぎ』を上梓し、保田と清水らを媒介した詩人伊東静雄（一九〇六〜五三）に対する批判は確認されていないし、四六年一月、戦争について「僕は無智だから反省なぞしない。利巧な奴はたんと反省してみるがいいじやないか」と啖呵を切ってみせた小林秀雄も、その後、批評家の地位や権威は高まることがあっても、下がることはなかったのである。

それでは、小林と保田を分けたものは何だったのか。それは、保田が戦争協力者にして若者を死に赴かせた張本人だと見なされたからだろう。だが、はたして保田は極悪人や「戦犯」と同義の「戦争協力者」だったのか、また、それ故に抹殺されて当然の人間だったのか。答は否だろう。戦後しばらくして、協力が足りなかったなどと反省してみせた保田だが、批判の中身はどれも外れていると言うしかないものである。実質のところ、批判の多くは自分の罪と思われるものを保田に押し付けたか、もしくは、黙って批判に追随したかのいずれかだったのではあるまいか。まして、近代の「偉大な敗北」のために大東亜戦争は断固支持、といった態度によって当局に睨まれていたのが保田だったのである。

とはいえ、保田は、そうした批判に対しては一切抗弁せず、また、誰かのせいにもせず、戦後はじめて記した「みやらびあはれ」(一九四七)で文とは「みちの本体を、明らめようといふところにある」と主張したように、執筆する態度や構えにおいて戦前・戦後を通じて一切ぶれなかったのである。

†「偉大な敗北」への階梯①――古典愛と創作「やぽん・まるち」

一九三二（昭和七）年三月、保田は、以後雑誌の発行を支え続けた肥下《ひげ》恒夫（一九〇九～六二）をはじめとする大阪高等学校同窓生有志と共に、一二年間も継続した雑誌『コギト』（月刊、四四年九月終刊）を始めた。保田といえば、雑誌『日本浪曼派』（一九三五年三月～三八年八月）が通り相場だろうが、実際、保田が執筆者・企画者・編集者として、言わば、自分の雑誌として活動の中心に置いたのは『コギト』であった。

創刊号の「編輯後記」において、保田は、「私らは最も深く古典を愛する。私らはこの国の省みられぬ古典を愛する。私らは古典を殻として愛する。それから私らは殻を破る意志を愛する」といった、挑発的な言辞で古典讃美を反復し、創刊宣言とした。だが、ここで注目されるのは、古典が強調され、遂には古典の「殻を破る」意志まで表明されているにも関わらず、創刊号を見る限り肝腎の古典に関する論や文章がないことではないか。そこまで言い切っている保田自身が創刊号に掲載したのは小説「やぽん・まるち」だったのである。

実のところ、『コギト』以前に、保田は古典を論じていた。大阪高校在籍時に、渡辺和靖『保田與重郎研究』（二〇〇四）が厳しく批判したように、在野の哲学者土田杏村（一八九一～一九三四）の著作（『国文学の哲学的研究』一・二巻、一九二七・二八年など）を剽窃しつつ「世阿弥の芸術思想」（大阪高校『校友会雑誌』七号、一九二九）を執筆し、その後、やはり土田の剽窃が甚だしい「上代芸術理念の完成」（同八号）や当時かぶれていたマルクス主義の影響をもろに受けた「「好去好来の歌」に於ける言霊についての考察——上代国家成立についてのアウトライン」（『思想』三〇年八号）などと、古典がらみの論文もどきを書き続けていた。

加えて、渡辺氏によって、保田が古典と出会ったのは、桜井で過ごした幼少期ではなく、岩波文庫によって古典が出版され始めた高校在籍時からだったことも判明した。なんのことはない、保田もやや時代がかった文学思想青年だったということだ。大学でも美学科を選び、卒業論文もヘルダーリンであったように、古典との縁はそう深くなかった。

とはいいながらも、保田は高校生の頃から古典を論じていたのだ。それでは、なぜ古典だったのか。わざわざ古典的なものを対象に選んだのは、むろん、土田の影響が大きいだろうし、背伸びしたインテリ予備軍ならではの受け狙いもあっただろう。書かれた内容が難解かつ空疎であったとしても、同級生にはそれなりの衝撃を与えると思われるからである。だが、それだけでもないだろう。古典を選択した背景には、保田の内面にある日本の現状に対する違和感や深刻な疑念がまだそれほど方法化してないもののうっすらとは意識されていたからではなかったか。

その意味で、公的な意味に於ける処女作である小説「やぽん・まるち」（＝日本マーチ）は、保田のその後をしっかり予言している作品であった。これは、「まるち」という西洋音楽を初めて作曲した幕吏の物語である。だが、幕吏は、自分の曲に満足できず、改訂を繰り返し、遂には「さながら生ける餓鬼相を現は」したという。それでは、なぜ幕吏は曲の改訂を執拗に繰り返したのか。

幕吏ら彰義隊が籠もる上野の山に新政府軍が突入せんとする時、幕吏は戦闘には参加せず、「陰々と惻々と」「やぽん・まるち」を鼓で奏し続けていた。その時、幕吏には「まるち」が「薩摩側の勝ち矜《ほこ》つた鬨《とき》の声よりも高くたうたうと上野の山を流れてゆく様に思はれてゐた」。むろん、幕吏の思いは幻聴に過ぎない。だが、その時、「やぽん」が立ち現れていたと幕吏以上に保田には捉えられていたはずである。幕吏は納得する「やぽん」を立ち上げるために改訂を繰り返していたのだった。そして、その「やぽん」とは、数年後強調される「イロニイとしての日本」と同義であろうし、周囲の修羅場的状況と隔絶した幕吏の狂おしくも無意味な演奏は、これまた保田の鍵語である「偉大な敗北」の原型ではあるまいか。

作家は処女作においてその世界観・世界像や可能性を呈示している、とは手垢に塗れた物言いながらも、保田は、処女作「やぽん・まるち」を通して、それまでの見よう見まねの古典論ではなく、保田古典＝批評論の核になる「イロニイとしての日本」と「偉大な敗北」をほぼ予見していたのである。侮れない書き手ではあるまいか。

†「偉大な敗北」への階梯②——朝鮮体験とドイツ・ロマン主義受容

一九三二（昭和七）年七月、保田は朝鮮を旅し、慶州を中心に一ヵ月あまり滞在した。『コギト』を創刊して四ヵ月後のことである。その後、慶州行は「朝鮮の旅」と題されて計四回『コギト』に連載されたが、なぜこの時期に保田は慶州に出かけたのであろうか。それは、自らの古代観を確立すべく、和辻哲郎（一八八九〜一九六〇）が発見した古代としての奈良（『古寺巡礼』一九一九）、伊波普猷《いはふゆう》（一八七六〜一九四七）が発見した古代としての琉球（『古琉球』一九一一）と並んで、柳宗悦（一八八九〜一九六一）が中心となって顕彰していた、「外地」（＝朝鮮）の奈良としての慶州（『朝鮮とその芸術』一九二二）を押さえたかったのだろう。

そのためか、「東洋の廃墟は慶州にあつて存在する」（『朝鮮の旅（二）』三三年一二月号）なる表現に濃厚なロマン主義的な廃墟趣味＝古代観も見出されるけれども、それら以上に慶州で保田が発見したものは、三五年の「仏国寺と石窟庵」において、仏国寺入口に立つ仁王像を「流派としての古典的といふものではなく、存在として古典的」、「今日の意識に新しいものとしての古典性がある」と指摘した古典観であった。ここに、古典とは今日の意識において新しい故に読まねばならないし、また、現状を批判するものと確定したのである。かくして、『コギト』創刊宣言は慶州経験によって具体化することになった。

なお、「古典＝今日の意識に新しいもの」といった無理筋の図式を作り出したのは、言うまでもなく、保田の直観である。だから、それをとやかく言っても始まらない。直観こそが保田という批評家の持ち味でもあったからである。

三三年一一月、ヘルダーリンを論じた卒論を改稿した「清らかな詩人」が『文学界』（三四年二月）に掲載された。保田は、卒論執筆に際して、大阪高校の同級生で語学力が達者な服部正己（一九一一～六五）に前もってディルタイのヘルダーリン論を翻訳させて『コギト』に載せていた（全五回）。他人に真似ができない保田のやり方は、狙いを定めた対象が自分の能力を超えている場合、知人に仕事（＝翻訳）をさせ、それに乗って論を展開していくことである。呆れてしまうが、保田はなんら気にしていない（おそらく服部も）。

「清らかな詩人」も、ディルタイの剽窃がままあることに加えて、随所に誤読を織り交ぜながら、我流的読解を完遂した代物である。そこで、保田がひたすら拘ったのはヘルダーリンの「清らかさ」であった。だが、それは、近代では、ヘルダーリンのように狂人となる他はないものだった。そこから、保田は、挫折せざるをえない「英雄」像、さらに、ヘルダーリンが発見した「民族」を強引に読み取っていく。朝鮮体験とヘルダーリン受容を通して、保田は、古典に加えて英雄・民族を基盤とする浪曼主義を次第に確立していったのではないか。

ところで、ドイツ文学者川村二郎（一九二八～二〇〇八）は、早い時期から、保田のドイツ・

ロマン派理解が「並のドイツ文学研究者たちの追随を許さぬ深みに到達していた」(「保田與重郎論」一九六六)と高く評価していた。ドイツ語もまともにできない保田の理解力を支えていたのは、「近代市民社会の末期に身をおいていると自覚し、末期の頽廃にひたりながら内側から頽廃の爆砕を意図していた保田自身の感慨」(同上)なのだろうが、言い換えれば、これも近代批判＝忌避と連動した直観の所産だろう。

そこから、ロマン主義の精華とも「四流のポルノ小説」(『バーリン ロマン主義講義』二〇〇〇)とも評される、シュレーゲル『ルツィンデ』との格闘(「ルツインデの反抗と僕の中の群集」一九三四年一一月)を経て、保田がシュレーゲルのイロニイを超えるものを獲得していくのは存外見やすい。なぜなら、「末期の頽廃」たる現状の日本では、なにをしようにも、万事、イロニイしかなり得ないが、そうした中で最終的に自己を支えるのはヘルダーリン的な「清らかさ」だとなると、畢竟《ひっきょう》、イロニイと「清らかさ」は合体せざるをえないからである。そうして生まれてくるのが、「いたましい内面性」と「迫烈した精神」(同上)という両者の合体が作り出す「偉大な敗北」者＝英雄論である。この時点で、保田の直観はいつの間にかドイツ・ロマン主義的枠組を逸脱してしまったようである。

†「偉大な敗北」の確立と発展――「セント・ヘレナ」から『後鳥羽院』へ

一九三五（昭和一〇）五月に、保田は、F・グンドルフ（一八八一～一九三一）「詩人と英雄」（小口優訳『グンドルフ文芸論集』一九三四）の影響を受けた「セント・ヘレナ」（その後『英雄と詩人』に所収）を公表した。保田による英雄ナポレオン伝である。だが、保田は、グンドルフの宇宙的英雄ナポレオンに飽き足らず、ヘルダーリン＝ナポレオンというまた無理筋な構図を持ち込んで、そこに「悲しい運命」「悲劇」を読み取っていく。その時、初めて用いられたのが「偉大な敗北」という鍵語であり、以後、保田の英雄論の基調となっていく。要は「彼の敵に価ひせぬものに破れて、その首を検され」る「運命」にあるから英雄なのだ、というイロニイである。となると、「セント・ヘレナ」の流罪の日々は「光栄の日」と反転してしまうのである。

三六年七月、保田は、英雄論第二弾「戴冠詩人の御一人者」を発表した。以後、保田の英雄論は日本人に限定され、日本論となっていくが、ここでは、「うつくしい徒労にすぎない永久」に憧れ、戦いの無内容（＝「偉大な敗北」）を知る無邪気で愛おしい日本武尊を描ききってやまない。

同年一〇月、保田にとって三度目の改稿となる「日本の橋」（三九年に再度の改稿を経て『改版日本の橋』に所収）が出た。これは初期保田の代表作の一つとなる。保田の英雄論と同様に、日本の橋も、「哀つぽ」さと無限自在の「ゆきき」が一体化して、過去から未来までをか細く貫いているとされる。それは、言い換えれば、非在の日本、イロニイとしての日本そのものであったのだ。

三七年一〇月、英雄論第三弾として保田「木曾冠者」を世に問うた。そこでは、戦いに疲れ、「日来《ひごろ》は何《なに》とも思はぬ薄金《うすがね》が、などやらんかく重く覚る也」（源平盛衰記）と弱音を吐く義仲を「これ程美しい丈夫の歌の一句を叙した戦陣の将軍が他にあつただらうか」と絶讃する。そして、こうした無邪気な英雄がいとも簡単に滅ぼされる、これこそ「偉大な敗北」の典型であると捉え返していくのである。想像するに、戦争協力者と見なされた原因にはこうした美しくはかない死の捉え方にあったのではなかろうか。

三八年、近代の徹底的な批判者としてのゲーテ論（「ヱルテルは何故死んだか」「ロッテの弁明」）を著した一年後、英雄論と古典論の総仕上げである後鳥羽院論（『後鳥羽院』三九）が上梓された。思えば、文壇デビューからわずか七年で、保田の英雄＝古典論は確立したことになる。とはいえ、それまで後鳥羽院の専論は二編に過ぎず（その他は近世文学批評）、急遽「物語と歌」を執筆して、何とか『後鳥羽院』の刊行にこぎ着けたという事情もあった。とにかく後鳥羽院論を出したかったのだ。

後鳥羽院論の核にあるのは、第一に、後鳥羽院は、「日本武尊→家持→後鳥羽院→芭蕉」という保田の構想する日本文学史における媒介者にして「一切の綜合と整理」の具現者であると共に、保田が好んだ「後鳥羽院以降の隠遁詩人の系譜」という表現が示すように、後鳥羽院から芭蕉へと繫がっていく「日本文芸の伝統」の確立者だということである。保田は後鳥羽院に近代批判の根拠を発見したのである。

第二に、栄華の都と「生活の無限な深刻さ」が横溢する隠岐とを経験し、どちらにおいても文事に生きた後鳥羽院は、「偉大な敗北」の見事な体現者であり、かつ、そのような英雄であるから、「文芸王国の精神」・「詩人の志」の起源的存在でもあったということである。保田にとって後鳥羽院の過酷にして華麗な一生こそ仰ぐべき詩人のありよう、即ち、自分自身の生きる道であったのだ。

最後に、一九三二(昭和七)~四四(昭和一九)年までの激動の一三年とは、保田にとって批評家としての成長していく過程そのものとなるだろうが、戦前、最後の段階を示す『鳥見のひかり』三部作(一九四四~四五)、校正に手間取り刊行されずに保田の下に置かれていた『天杖記』(あとがき、一九四五年二月二〇日)は、「偉大な敗北」の行き着く先を示しており無視できない。『天杖記』の「あとがき」で保田はこう記していた。

自分の思想は、神州と皇民の原理に立脚し、民族の不滅の信を描くために、永遠の祭祀に仕へ奉らうとする微志の表現に他ならない。

この時、保田には文明開化の論理に基づく思想運動も、さらに近代的な意味における勝利も敗北もなくなっていた。あるのは、「民の生活は祭りの生活」という「祭政一致」観念に支えられ、日々「祭祀に仕へ」る行為だけである。敗戦必至の戦局の折に、何と呑気な、あるいは、不謹慎なとど言われそうだが、筆を折る直前、保田はとっくに近代を超越していたのである。かかる態度こそ、イロニイを超えた「偉大な敗北」だったのではあるまいか。戦後、文壇復帰作が『現代畸人伝』(一九六四)であったのは、その意味で象徴的である。隠岐の後鳥羽院同様に、長い戦後を「偉大な敗北」として生き、そのことばに殉じた保田であったが、心の風景は後鳥羽院以上に存外快活だったのではなかろうか。

さらに詳しく知るための参考文献

『保田與重郎全集』(全四五巻＝本巻四〇巻、別巻五巻、講談社、一九八五〜八九)……谷崎昭男氏の厳密な校訂に基づく完全版全集。保田の全文業・全発言の集大成である。保田研究の基本書である。

『保田與重郎文庫』(全三二巻、新学社、一九九九〜二〇〇三)……保田の代表的な作品を三二巻に集約した選集。本文は全集に拠っている。一等手に入れやすい選集である。

谷崎昭男編『私の保田與重郎』（新学社、二〇一〇）……これまで刊行された保田の選集・全集の解説・月報の集大成。一冊で保田論大成となっている。

橋川文三『日本浪曼派批判序説』（講談社文芸文庫、一九九八）……初版本（一九六〇）の文庫化。保田のみならず日本浪曼派を考える際、なにはともあれ、最初に読むべき書物。増補版（一九六五）もあるが、初版のもつ新鮮さはやはり貴重である。

桶谷秀昭『保田與重郎』（講談社学術文庫、一九九六）……一貫して保田を擁護してきた著者による論集。イロニイの意味を最も深く追究している。できれば『浪曼的滑走―保田與重郎と近代日本』（新潮社、一九九七）も併読されたい。

渡辺和靖『保田與重郎研究』（ぺりかん社、二〇〇四）……保田の文業に対する実証的な手続きを経た徹底的な批判である。そこから導かれた深刻な結論は「保田の心の奥深いところにわだかまる黒々とした空虚」であった。だが、これについてはさらなる検討が必要だろう。

前田雅之『保田與重郎――近代・古典・日本』（勉誠出版、二〇一七）……保田の生成過程における近代・古典・日本がテーマであり、故に中学生時代から『後鳥羽院』刊行までが対象となっている。

谷崎昭男『保田與重郎――吾ガ民族ノ永遠ヲ信ズル故ニ』（ミネルヴァ書房〔ミネルヴァ日本評伝選〕、二〇一七）……愛弟子谷崎氏による保田伝の決定版である。史実を重視しつつも、一文・一行ごとに保田に対する思いが伝わってきて、感動を抑えきれない名著である。

第7講

江戸川乱歩——『探偵小説四十年』という迷宮

藤井淑禎

†乱歩の生涯

江戸川乱歩は本名を平井太郎といい、一八九四(明治二七)年一〇月二一日に三重県名張町《なばりちょう》(現・名張市)で生まれた(一九六五年没)。その後、父の転職に伴い、一家は名古屋市に転居し、太郎はそこで旧制中学を卒業するまで過ごした。黒岩涙香を愛読したり、数種の手作りの少年雑誌を発行したりしたのもこの名古屋時代であった。

一九一二年、父が事業に失敗したが、苦学を覚悟で上京。やがて早稲田大学政治経済学科に入学、その頃ポーやドイルの妙味に初めて触れ、翻訳を試みたりした。大学卒業後は大阪、鳥羽などを転々とし、一九一九(大正八)年再上京。村山隆《りゅう》と結婚し、文学や音楽にさらに深入りするようになった。この頃より習作が本格化し、一九二三年にはデビュー作「二銭銅貨」を『新青年』に発表した。以後、「D坂の殺人事件」、「屋根裏の散歩者」、「人間椅子」などの傑作ミステリーを立て続けに発表し、ミステリー作家として不動の地位を築いた。

一九二九（昭和四）年、初めて講談社の大衆雑誌『講談倶楽部』に通俗ミステリー「蜘蛛男」を連載し、大衆読者の喝采を博した。同種の作品に「黄金仮面」、「吸血鬼」、「人間豹」などがあり、いずれも関東大震災後の都市生活のモダン化と大衆社会状況とを背景として、トリックや謎解きの面白さだけにとどまらない大衆娯楽小説としての奥行きを示した（藤井淑禎「江戸川乱歩「蜘蛛男」」『名作は隠れている』ミネルヴァ書房、二〇〇九）。

一九三六年には初めて少年もの（「怪人二十面相」）に取り組むが、乱歩の少年ものにはそれ以前の乱歩の作家としての成熟の跡がしっかりと刻みこまれていた。本格ミステリーと通俗長編で蓄積されたノウハウが存分に活用された、ミステリーと通俗の両要素の集大成としての少年もの、と見ることができるのである。「怪人二十面相」に続いて書き継がれた少年探偵団シリーズは、戦争をまたいで戦後に再開されると、戦後の児童文化興隆ムードにも後押しされて爆発的な人気を呼び、一九六二年まで書き継がれ、乱歩文学の代名詞ともなった。

このように乱歩ミステリーは、大きく見れば、三つの時期、三種のミステリーに分類できるが、一般的には乱歩というと、初期の本格ミステリーと晩期の少年探偵団ものばかりが注目されて、中期の通俗長編はともすれば軽視されがちであった。理由の一つは、日本の文学批評・研究に特有の大衆もの蔑視の風潮にあるが、さらに大きな理由は、乱歩自身がこれらの作品に否定的な評価を下し続けたところにあった。

†『探偵小説四十年』

乱歩評価・乱歩文学研究は、これまで乱歩自身の自己評価に振り回されてきたが、中期の通俗長編の場合は、その典型であり、最大の被害者であったと言ってもいい。乱歩自身の自己評価の代表的作品である『探偵小説四十年』（桃源社、一九六一）では、通俗長編の節の小見出しは「初めての講談社もの」であり、本格ミステリーに行き詰まり、「自暴自棄」になって出版社の口車に乗って「ヒョイと書く気」になって書いたのが一連の通俗長編だったと述べている。大衆的人気は博したものの、作家仲間や友人、インテリ読者からはひんしゅくを買い、「一方で大いに気をよくしながら、一方で極度に羞恥を感じるという、手におえない惨状に陥っていた」（「虚名大いにあがる」の節）というのだ。前述したような取り柄が多々あるにもかかわらず、こうした乱歩の自己評価を真に受けてしまうことで通俗長編の軽視ないし黙殺が文学史的常識となってしまったのである。

江戸川乱歩（1894-1965）

文学批評や研究において作者の自己言及をどう相対化するかは永遠のアポリアだが、とりわけ乱歩の場合は、自己言及の網の目が幾重にも張り巡らされていて、相対化にはそうとうな困難がともなう。何よりもこの『探偵小説四十年』が大変なくせものである。よく知られているように、これ自体は雑誌『新青年』『宝石』への連載（一九四九〜六〇）をまとめ、一九六一年七月に一〇〇〇部限定で桃源社から刊行されたものだが、ここに至るまでには壮大な前史があった。

乱歩のこの種の試みは、一九三二年の「探偵小説十年」（『江戸川乱歩全集』第一三巻、平凡社）にまで遡ることができる。これは同年四月までの著作や出来事をまとめたものだが、これに続くのが新潮社版『江戸川乱歩選集』の第一巻から九巻まで（一九三八〜三九）の巻末に連載された「探偵小説十五年」であり、先輩作家の思い出や三二年から三七年までの著作、出来事についてまとめている。そして乱歩はこの二つの掲載ページを合綴して、「探偵小説回顧」という自製本まで造っている（一九四一年四月）。

†「貼雑年譜」

次に「探偵小説〇〇年」という自伝が再開されるのは一九四九年だが、それに先立って乱歩は戦時中に、これと似たような「貼雑年譜《はりまぜ》」という自製本を造っている（一九四一・四。『江戸川乱歩推理文庫』特別補巻として復刻、講談社、一九八九）。自分に関する記事や広告、手紙などを整理し、そこに書き入れを加えた二冊の大部な自製本である。乱歩はこの、スクラップの整理と書き入れという「貼雑年譜」のための作業を、前掲「探偵小説回顧」の巻末の文章を書き終えて（一九四一・一・七）からさらに序と追記を書く（一九四一・四・一八）までのあいだにおこなったと述べている（『探偵小説四十年』「隠栖を決意す――昭和十三・四・五年度」）。

もちろん、この時点で乱歩がこの先のことを見通せたわけではないが、「探偵小説回顧」を造り、「貼雑年譜」をまとめた四〇年暮れから四一年四月にかけて、乱歩が異常なまでの集中力でこれまでのみずからの作家的人生の総決算を突貫工事でやってのけたことはまちがいない。もしこの総決算が一抹の死の予感に囚われてのことだとしたら（「戦争が終るまで探偵小説は書けないというあきらめと、それまで生きているかどうかわからないという気持」と、一九五五年時点で書いている――「隠栖を決意す――昭和十三・四・五年度」）、それは結果的に杞憂に終わったわけだが、乱歩の戦中時代については後述するとして、ここでは「大変なくせもの」としての『探偵小説四十年』、乱歩研究を翻弄し続けてきた『探偵小説四十年』について、その成り立ちの整理をもう少し続けてみよう。

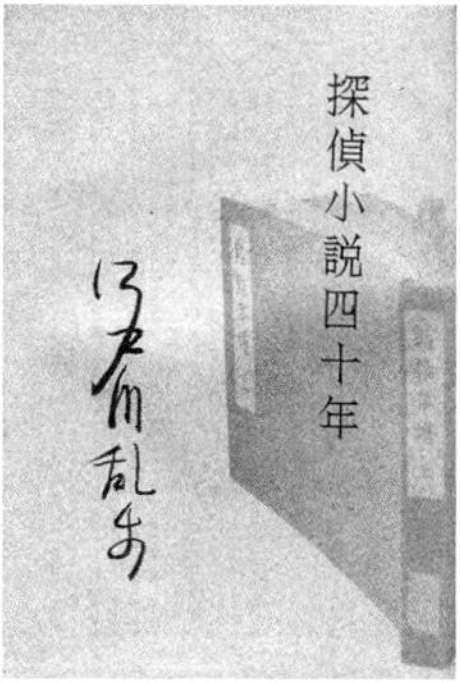

『探偵小説四十年』（桃源社、1961年）の扉

前述のように「探偵小説〇〇年」が再開されるのは、一九四九年のことであった。ここからが後の『探偵小説四十年』の本体にあたる部分で、今度は「探偵小説三十年」というタイトルで『新青年』一〇月号から連

載が開始された。この連載は『新青年』が廃刊となる五〇年七月号まで続き、そのあとは『宝石』に場所を替えて五一年三月号から再開された。このタイトルでの連載は五六年一月号まで続き、その間には、『探偵小説三十年』というタイトルで四九年一〇月号分から五四年七月号の前半分までがまとめられて五四年一一月に刊行された（岩谷書店）。

最後の連載開始は五六年四月号から。これまでと同じ『宝石』誌上で、タイトルは「探偵小説三十五年」と改められた（～六〇年六月）。五六年時点では「三十五年」でよかったが、結局六〇年まで続いたので『探偵小説四十年』と改題され、『探偵小説三十年』をも吸収するかたちで前述のように六一年七月に桃源社から刊行された。

以上が今われわれの手元にある『探偵小説四十年』の来歴だが、成り立ちからして大変な、増築に次ぐ増築を重ねてきた自伝であることがわかる。自伝の常として、建前なのか本音なのかという真偽問題はもちろんあるのだが、『探偵小説四十年』の場合はそれに加えて、増築に次ぐ増築が招いた「時期問題」がわれわれの前に立ちはだかっている。ただし、増築を重ねただけの単純な「時期問題」であれば、前半部分の考えは〇〇年頃のそれであるのに対して、終盤部分は××年頃のそれ、ですむわけだが、『探偵小説四十年』の場合はそういう単純な書かれ方にはなっていない。いろんな時期のみずからの文章や書き入れ、手紙、他人による評、記事などがアトーランダムに引用され、地の文でそれと対話したり異を唱えたりして（「今から十五年前のこの文章を読むと、現在では身を以っては同感できない」などといったように――「中絶作「悪霊」の節)、パッチワーク状の混沌とした出来上がりとなっているのだ。

†『探偵小説四十年』と執筆時期問題

ここまで見てくれれば、乱歩研究における『探偵小説四十年』の厄介さというものがおわかりいただけるだろう。『探偵小説四十年』ひとつあれば論文が一丁出来上がり、といっていいほど乱歩研究において『探偵小説四十年』は濫用されているにもかかわらず、その『探偵小説四十年』自体は、通常の自伝の場合にもあるような真偽問題だけでなく、他に類がない複雑な「時期問題」、構成問題をも抱え込んだ作品だったのである。

一例を見てみよう。さきほど、乱歩の自己評価の低さの犠牲となって埋没することになったとした中期の通俗長編の場合はどうだっただろうか。――前掲の「初めての講談社もの」のほうは「生きるとは妥協すること――昭和四年度(この章昭和二十八年上期執筆)」の章に、「虚名大いにあがる」のほうは「虚名大いにあがる――昭和五年度(この章昭和二十八年中期執筆)」の章に収められていた。

そこで前述の「自暴自棄」になって出版社の口車に乗って「ヒョイと書く気」になって書いた、のくだりだが、これは「昭和二十八年上期執筆」の章の中にあるものの、そこで引用された「探偵小説十年」中の言い回しであった。すなわち一九三二（昭和七）年の文章だったのである。これに対して、大衆的人気は博したものの、作家仲間や友人、インテリ読者からはひんしゅくを買い、「一方で大いに気をよくしながら、一方で極度に羞恥を感じるという、手におえない惨状に陥っていた」のほうは、過去の文章からの引用ではなく、「昭和二十八年中期執筆」の地の文中の言い回しであった。

要するに、これらだけに基づいて言えば、乱歩の中で通俗長編を低く見る見方は一九三二（昭和七）年にはすでにあり、そしてそれは二一年後の一九五三（昭和二八）年時点においても変わりはなかった、というわけである。逆に言えば、こうした手続きを踏まずに、『探偵小説四十年』中の過去の引用文も連載時の地の文もいっしょくたにして、かつ、建前か本音かを吟味することもなく真に受けてしまうような、従来の乱歩研究における『探偵小説四十年』の扱い方には大いに問題があったということになる。通俗長編への見方の場合はたまたま二一年間を隔てても変わりはなかったわけだが、可能性としては、ズレや不一致が存在するケースは少なからずあると考えなくてはならないだろう。

†スランプ

ここで乱歩ミステリーの「三つの時期、三種のミステリー」に戻ると、乱歩自身が低評価を下した中期の通俗長編時代は、「十余年」の長きにわたった。その間には晩期の少年ものも始まったが（一九三六〔昭和一一〕～）、乱歩自身は、通俗長編に対してのような低評価を下すことはなかったものの、そもそもそれらをみずからの本来の作品系譜のなかに位置づけてはいなかったようである。『探偵小説四十年』「隠栖を決意す――昭和十三・四・五年度」中に引用された「探偵小説十五年以降昭和十五年末までの概況」（一九四一年一月七日。元々は自製本「探偵小説回顧」に付されたもの）では、自身の作家的半生がこのように総括されている。

実をいうと、私の探偵小説は処女作発表後二三年で、一応型を出しつくし、興味を失ったかたちで、その後の十余年は、講談社のお世辞と高い原稿料にほだされて、真の製作慾なく、無理に筆を執っていたのにすぎない。

通俗長編のほうは曲がりなりにも「私の本来のもののつたないカリケチュア」であったのでこのように言及されているが、少年もののほうはそれさえもなく、あくまでも別枠という扱いであった。いずれにしても、一九四一年一月七日の日付を持つこの文章において、「十余年来書き放して来た低調卑俗な連載小説」すらもはや書くことはかなわぬことを乱歩は認めざるをえなかった。

†統制強化

同じ文章の前の方で、乱歩は一九三七年七月開戦の「シナ事変」以降を振り返って、物資の欠乏、価格統制、切符制度といった「新体制」下で、文学美術への統制も強まり、「文学はひたすら忠君愛国、正義人道の宣伝機関たるべく、遊戯の分子は全く排除せらるるに至り」、探偵小説家の多くは「防諜のためのスパイ小説」を始めとして「科学小説」「戦争小説」「冒険小説」などに転じていったと述べている。

これ以外にも、「隠栖を決意す――昭和十三・四・五年度」の章では、「隠栖を決意す」るに至ったさまざまな統制強化の経緯が、主に「貼雑年譜」中の資料や書き入れを引用するかたちで細叙されている。「隠栖を決意す」という核心的な言葉も元々は「貼雑年譜」の「昭和十四・五年度」の年表中にあったものであった（正確には「貼雑年譜」では「隠栖ノ決意ヲナス」）。「貼雑年譜」から引用されたものを列挙してみると、「内務省の圧迫を蒙ること甚し」（一九三九年以降検閲がさらに強化され、新潮社版選集の後半はしばしば書き直しを命じられた――「貼雑年譜」中の見出しとはズレあり）、「悪夢」（正確には「芋虫」）削除記事への書き入れ（新潮社版選集の書き直し以降も事態はますます悪化し、この全編削除をきっかけとして一九四一年頃からはついに少年ものの重版すら不可能となり、出版社からは別名での執筆を勧められる有様となった――「貼雑年譜」中の見出しは「愈々書ケナクナツタ次第）などがあり、ほかにも、前掲の「探偵小説十五年以降昭和十五年末までの概況」と対をなす「追記」も引用されている。――「講談社は売れ行きよろしきにかかわらず、少年探偵小説類の重版新版を見合わせているし、新潮文庫も重版を遠慮していることがハッキリわかるのである。恐らく本年度のそれらの私の本の重版は、十五年度の五分の一、或いは十分の一に激減するのではないかと想像している」。

前述のように「隠栖を決意す――昭和十三・四・五年度」の章の執筆は一九五五年だが、一九四一年に完成した「貼雑年譜」や「探偵小説回顧」（どちらも当然それ以前の文章を多く含む）中の同時代の資料をふんだんに引用・点綴することによって、単なる一九五五年時点からの振り返りではない、臨場感に富んだ統制強化史が描き出されているのである。

†町会に参加

このようにして出版の世界から締め出されていった乱歩が隣組の常会に初めて出席したのは一九四一年の秋ごろであったという（『探偵小説四十年』「末端の協力――昭和十六・七年度」、執筆は一九五六年）。これに続く章は「愈々協力に励む――昭和十八・九年度」と題されているが、二つの章の主な小見出しを辿るだけでも、この間の乱歩のめざましい働きぶりは実感される。「隣組防空群長となる」、「町会役員となる」、「町会副会長となる」、「職場慰問激励演説」、「翼賛壮年団」、「町会の増産協力運動」等々といった具合である。

　さいわい乱歩自身が地域の二種類の仕事への貢献ぶりをみずから整理してくれているので、それを紹介してみよう。ひとつは一九四〇年に発足した大政翼賛会の下部組織として各町会に置かれた翼賛壮年団での活動である。一足先に始めていた町会での活動が評価されて、豊島区団の総務や副団長、常務委員、事務長（これで戦後、パージにかかった）などを務めた。仕事はといえば、「暁天動員」（ラジオ体操のようなもの）、疎開家屋の取り壊し、防火貯水池工事から始めて、食糧増産・配給問題の調査など多岐にわたった。もうひとつはそれに先立つ町会での仕事である。『探偵小説四十年』の小見出しにあるような係りを引き受け、防空指導、国債購入推奨、配給の円滑化などを担当した。町会員の家族数と畳数に応じて町会費と国債割り当てを決めた一覧表や魚野菜配給控帳などの資料は現存し、ミステリー史やトリックの研究にも通じる乱歩ならではの綿密さをうかがわせている。

　こうしたみずからの戦中の変貌ぶりについて、乱歩自身は『探偵小説四十年』中で何度か言及している。そのひとつは「貼雑年譜」に貼りつけた「乱歩再出発」（辰野九紫《きゅうし》、『東京日日新聞』一九四二・一〇・二八）という短文を引用した際のコメント（一九五六年執筆）で、「今後は従前の作品とその趣きをことにして、新らしい方向に進むべき旨を毅然として述べられ」と書かれたことに対して、その心持はうそではなかった。戦争をしている国の一員として、負けてもらいたくないと考えるのは、本能のようなもので、負ければ結局自分自身も不幸になるのだから、戦争をはじめた以上は、とやかく文句をいって傍観しているべきではない、船が沈もうとしているとき、全員がそれを防ぐために働いているのに、一人だけ腕組みをして甲板に突っ立っていたら、おかしなものである。やっぱり分に応じて働くべきだと思った。(「「乱歩再出発」」の節)

と述べている。ただし、ここでの「分に応じて働くべき」は時局に即した作品を、という意味だが、その直後の、戦後パージにかかったことを「恥じたり、後悔したりはしていない」という部分では、もっと広い意味での戦争への協力に言及している。——「国が亡びるかどうかというときに、たとえ戦争そのものには反対でも、これを押しとどめる力がない以上は、やはり戦争に協力するのが国民の当然だと、今でも考えているからである」。

†戦争協力問題

『探偵小説四十年』中にはもう一ヵ所、翼賛壮年団の仕事に深入りしていったことを「それはあくまで末端での、区民としての協力であって、戦争を始めたことに賛成しているわけではなかった。しかし、いくら戦争が嫌いでも、ここまで来てしまった以上は、敗戦の憂き目は見たくないという、ごくあたりまえの考えからであった」と述べている個所があるが、注意すべきは、これらがいずれも一九五六年時点での発言だったということである。

その意味で、戦中の乱歩の思いを直接的に語る資料として、「末端の協力――昭和十六・七年度」中に引用された「庭園の変貌」(『新緑』一九四四・一〇)という文章は貴重である。隣組の仕事に邁進するいっぽうで、防空壕や防火用水を整備し、庭の菜園化に努める近況報告文だが、「従来の不健康なる生活より健康なる生活へ」、「従来の庭園にはかつて見られなかった清新潑剌たる一大美観」等々の文言に、一九五六年時点での発言に通じるものを見て取ることもできるからである。

もっとも、同時代のものであっても公表されたものには本音か建前かという真偽問題が常につきまとう。乱歩自身は、自製本に付した手記について「全くの私記として書きのこしたものだから、文章は変だけれども、本当のことが書いてある」(『探偵小説四十年』「隠栖を決意す」の節)とわざわざ断るようなタイプであり、この種の問題にきわめて自覚的であった。戦争協力問題に関する同時代の「全くの私記」は見当たらないが、この時期に発表した創作から「本当のこと」を探るのもひとつの手段ではあるにちがいない。前掲「愈々書ケナクナツタ次第」には別名での執筆が示唆されていたが、小松龍之介名義で年少者に必要な科学的知識の啓蒙を試みた

「智恵の一太郎」(『少年倶楽部』一九四二・一～四三・一)と、渾身の防諜小説「偉大なる夢」(『日の出』一九四三・一一～四四・一二)である。

†「偉大なる夢」

探偵小説家に残された唯一のジャンルである防諜スパイ小説への言及を乱歩は一九四一年くらいから繰り返ししている。四二年七月に実業家たちの会合でした講演もスパイや暗号をテーマにしたものであった。そんな乱歩が「分に応じて働くべ」く「新らしい方向に進」(前掲「「乱歩再出発」」の節)もうとして取り組んだのが「偉大なる夢」だったのである。――東京・ニューヨーク間を五時間で飛ぶ超高速の爆撃機の完成を目指す五十嵐老博士の研究をいかにしてスパイたちの手から守るか、という正面切った防諜小説である「偉大なる夢」には、通俗長編以来培ってきた乱歩お得意の趣向がふんだんに盛り込まれている。

博士襲撃の現場に残された指紋の持ち主である怪人物の地下実験室、博士の息子の新一青年が犯人を追って迷い込んだ山中の洞窟に住む穴居人、「月光の妖術」を利用したアリバイ工作、密室トリック、煙突からの出入り、庭に残された靴跡、など、お馴染みの趣向が随所に生かされている。終盤では、新一青年こそが、江戸末期に移住した米国人から数えて四代目の混血児、すなわちスパイ団の首魁であったことが明かされるという大逆転も用意されている。ただし、結局新一は改心し（服毒自殺）、殺害されたと思われていた老博士も無事で、超高速爆撃機も無事完成する、という大団円となっている。

乱歩自身は例によって「いつものトリック小説」（『探偵小説四十年』「戦争中唯一の長篇」の節）などと卑下しているが、本に出来なかったことを心残りに思っていることから推せば（没後の講談社版全集第一〇巻〔一九七〇〕に初めて収録）、実際はまずまずの自己評価であったと思われる。

こうした、創作における出来の如何もまた戦争協力をめぐる「本当のこと」を推し量る材料のひとつとなりうるのである。ここに「智恵の一太郎」における真摯な取り組みぶりも加味できるとしたら、「傍観」するのではなく「分に応じて働くべき」は、時期こそ一九五六年時点での発言ではあったものの、そのまま戦中の思いとみなしても差し支えはないのではなかろうか。

ただ、そのうえで気になるのは、「国民の当然」とか「ごくあたりまえの考え」といったやや強めの表現である。おそらく戦中であればことさら断るまでもなかったろうが、戦後の風潮への反発がこのように語気強く言わせた、ということもあるかもしれない。複雑な「時期問題」、構成問題を抱え込んだ『探偵小説四十年』における、時期を異にすることで顕在化する「ズレや不一致」に準ずる例のひとつと言えよう。

一九四五（昭和二〇）年六月には、一足先に疎開していた家族を追って乱歩自身も福島県保原町《ばらまち》に疎開したので、町会と翼壮の仕事に明け暮れた乱歩の戦中は実質的に終わりを告げた。そして現実もそれを追うように、敗戦、占領軍の進駐と続いた。そんななか、乱歩の心を占めていたのは「探偵小説はすぐに復活する」、「探偵小説国のアメリカが占領したのだから、日本固有の大衆小説はだめでも、探偵小説の方は必ず盛んになる」（『探偵小説四十年』「月給取り志願」の節——一九五七年執筆）という信念だった。この思いは次章のタイトル（「探偵小説復活の昂奮——昭和二十一年度」——一九五七年執筆）にも採用されるほど『探偵小説四十年』では強調されているが、それが本当に当時の乱歩の思いであったかどうかは、その先を読み進むことで明らかとなる。「二十年末より二十一年秋までの日記」の節で一九四五年一一月末の帰京挨拶スキ焼会の日記記事が引用され、それに対する「註」（当然五七年執筆だが）に「この夜、牛肉をつつきながら、私はいよいよ探偵小説復興のときが来た。これから盛んになるぞ！　と話したところ、大下、水谷両君は少しも調子に乗って来なかったことを、よく覚えている」とあることで、註自体は後年の執筆であっても、この信念が四五年時点での「本当のこと」だったことが裏付けられるのである。これもまた『探偵小説四十年』解読における執筆時期の問題の重要性を物語る例のひとつだ。

こうして翌四六年には早くも推理専門誌『宝石』が創刊され（四月）、かつての探偵趣味の会

（一九二五年）を彷彿させるような土曜会（のちの日本推理作家協会）の活動も始まる（四月）。乱歩にとって戦前が作家活動中心の時代であったとしたら、戦後はそれとはうってかわって組織作りのためのオルグや編集の仕事に奔走した時期であったと見ることもできよう。かくして「探偵小説復活」の気運のなか、オルガナイザー乱歩の戦後が始まろうとしていた。

さらに詳しく知るための参考文献

中島河太郎編『江戸川乱歩――評論と研究』（講談社、一九八〇）……小酒井不木「「二銭銅貨」を読む」から中井英夫「孤独すぎる怪人」までの全二八編を収録。なかでは中井の論文、などいなだ「幼児性の噴出と童話性」などが示唆に富む。

松山巖『乱歩と東京――1920都市の貌』（PARCO出版、一九八四／ちくま学芸文庫、一九九四）……都市という観点からアプローチを試みた先駆的な書。

中島河太郎『日本推理小説史』全三巻（東京創元社、一九九三～九六）……日本の推理小説研究の第一人者のライフワーク。戦前の推理文壇と乱歩を知る上での基本文献。

藤井淑禎編『江戸川乱歩と大衆の二十世紀』「国文学解釈と鑑賞」別冊（至文堂、二〇〇四）……「乱歩ミステリーの誕生」、「通俗ものへの転進」、「テクノロジーと都市の明暗」、「享楽・淫楽の都市空間」、「近世からモダンへ」、「乱歩的世界とモダン都市文化」、「少年探偵団と乱歩と戦争」。「ラジオ／映画／雑誌メディアと〈ぼくらの乱歩〉」の八章からなり、各章とも三本の論文で構成されている。

内田隆三『乱歩と正史――人はなぜ死の夢を見るのか』（講談社選書メチエ、二〇一七）……社会学的考察にもとづく時代背景と、探偵小説や乱歩・横溝らの出現・動向との関連を明らかにした意欲作。

第8講

中里介山――「戦争協力」の空気に飲まれなかった文学者

伊東祐吏

†忘れられた『大菩薩峠』

中里介山《なかざとかいざん》は、戦前は誰もが知る小説家だった。

生涯をかけて執筆した『大菩薩峠《だいぼさつとうげ》』は、当時、世界一長い小説と言われた。もちろん、ただ長いだけではない。おもしろい。そして、深い。

介山は、大正時代に「大衆小説」という新たな文学の地平を切り開いた先駆者である。以来、文学は通俗的な庶民の娯楽としても親しまれ、『大菩薩峠』の主人公机龍之助《つくえりゅうのすけ》は、それまでの時代小説には無いニヒルな剣士として爆発的な人気を博した。その後、続々と登場した、丹下《たんげ》左膳《さぜん》、眠狂四郎《ねむりきょうしろう》、子連れ狼、木枯し紋次郎など、飄々《ひょうひょう》として素性の知れない主人公たちは、いずれも机龍之助のキャラクターを受け継いだものである。さらに、『大菩薩峠』の深遠な世界観は、宮沢賢治をはじめとして、多くの読者をひきつけた。介山は、ベストセラー作家であると同時に、求道者《ぐどうしゃ》のようであった。

そして介山は、第二次世界大戦の際に、日本のほぼすべての文学者たちが一致団結して戦争協力に邁進するなか、たったひとり抵抗した文学者となる。

いったい彼は、どのような人生を歩むなかで、『大菩薩峠』という作品を生み出し、大正・昭和の時代に多くの読者の心をつかみ、そして、国を挙げての戦争協力に背を向けることになったのか。また、そんな彼の作品は、なぜ忘れられたのか。あるとき芥川龍之介は、百年後に名を残すのは、純文学の作家よりも中里介山ではないかと述べたが、予想はなぜ当たらなかったのだろうか。

†社会主義との出会い

中里介山は、現在の東京都羽村《はむら》市出身。東京郊外の多摩地方は、新撰組を生んだことに象徴されるように、武芸が盛んで、権力におもねらず、自主独立の気風に富むと言われる。介山は幕末・維新の熱気が残る明治一〇年代の多摩地方に生まれ、日本が国際的な地位を高めて発展していく日清・日露戦争の時代に青少年期を過ごした。そのなかで、土地柄の反権力的な気概や正義感と、立身出世への強い意欲を充満させた青年期の介山のキャラクターが形成される。

とはいえ、介山の家庭は決して裕福ではなく、文才と野心だけでは暮らしていけない。そこで介山は、小学校卒業後から、電話交換手や代用教員として働きはじめる。その頃、介山の心をとらえたのが、社会主義だ。自由民権運動が廃れたのち、その後継として社会の正義を代弁する役割を果たしたのは、内村鑑三のキリスト教思想や、幸徳秋水・堺枯川《こせん》の社会主義だった。特に介山は、彼らの非戦論に入れあげたらしい。

日露戦争の直前に、内村・幸徳・堺の三氏が、当時東京随一の発行部数を誇った万朝報《よろずちょうほう》の紙面で、自身の非戦論を曲げずに退社を発表した場面（一九〇三年一〇月一二日）は、明治のジャーナリズムの面目を示した有名なワンシーンだが、それを報じる一面の投稿欄に、中里介山の新体詩が掲載されていることは、あまり知られていない事実である。

中里介山（1885-1944）

しかし、日露戦争のさなかに、介山は社会主義を捨てる。それはひとことで言えば、漢学や道学を基礎として、世の中が道徳によって治まることを理想とする介山と、西欧由来の戦闘的な社会主義の違いがあらわになった結果だろう。若さゆえに、燃えあがるような正義感をもった介山は、一時は社会主義にとびついたが、正義や主義をふりかざして社会と戦い、不平や憤りを倍化させていく姿勢を好まなかったのである。また、自身が教員として貧民児童教育をおこなうなかで、児童の更生の難しさに直面したり、日露戦争後の大衆の暴動（日比谷焼討ち事件）に恐ろしさを感じたことも、人間性や道徳心の大切さ、それらを育てる教育や文学の重要性を、介山に改めて痛感させるきっかけとなった。

こうして、自分の進むべき方向性が定まった介山だが、なかなか思い通りには行かない。教育の道を志すものの、中等教員検定に失敗。社会主義からトルストイの農本主義に乗り換えるが、都会暮らしをする介山の言行不一致は、周囲からも冷やかされる始末。結局、立身出世もかなわぬまま、田舎にも帰れず、介山は理想を捨てて現実をとり、生活のために新聞記者の職につく。関東ローカル紙の都《みやこ》新聞だ。

†大逆事件の衝撃

のちに介山は都新聞の紙上に小説「大菩薩峠」を発表し、大正末期から昭和にかけて、その物語が本・舞台・映画を通じて国民に親しまれることになるのだが、『大菩薩峠』には介山の人生や哲学が溶け込んでいるため、ここではもう少しその前史を見ていこう。

介山が都新聞で初めて連載小説を担当したのは、入社三年目。それは、「氷の花」という時代小説で、若い男女が様々な困難を越えて結ばれる物語となっており、人々の怨みを買っていた女の父親の悪徳米商人も最終的には改心するという、通俗的で道徳的感化を目的とした内容である。社会主義と相容《あいい》れなかった介山の思想を反映した作品とも言える。

だが、初の連載小説の一応の成功に安堵する介山の耳に飛び込んできたのは、大逆事件《たいぎゃくじけん》の一報であった。かつての仲間で尊敬する先輩である幸徳秋水が、明治天皇の暗殺を計画したとして逮捕されたのだ。社会主義から離れたとはいえ、連帯意識や尊敬の念を持ち続けていた介山にとって、この知らせは衝撃的だっただろう。

動揺のなかで、介山は二作目の連載小説「高野の義人」を書く。高野山の僧侶の暴政に、ひとりの名主が立ちあがり、自身は処刑されるも、悪僧の追放に成功するというストーリーだ。主人公の憤りや無念は大逆事件に重なり、介山にも当然その思いはあっただろうが、あくまで前作と同様に道徳的感化をめざして、どんな目にあっても暴動を起こしたりせず、正義にのっとって最後まで戦う主人公の姿を描いている。

そして翌年、幸徳秋水の処刑のあとには三作目の「島原城」を書くが、キリシタンとして弾圧された原主水《もんど》や天草四郎、幕府転覆を計画した由井正雪《ゆいしょうせつ》を描いたこの作品は、完全に秋水を意識したものだろう。しかしここでも介山は、〝罪人〟ながら義を尽くした彼らの生き様を描き、ストーリーのおもしろさで読ませ、作品に特別な主義主張をこめることはしない。四作目「室《むろ》の遊女」も同じく、道徳的感化と通俗的なおもしろさに徹している。

だが、その姿勢が五作目の「文覚《もんがく》」から変わる。文覚は、横恋慕した女性を誤って殺したことで出家し（源平盛衰記）、源頼朝にも影響を与えたことで知られる怪僧である。ここで介山は、正しいおこないを描くのではない。逆に、罪深い人間を描く。これまでの清く正しく美しいものを描く姿勢から、清濁をあわせのむスタイルに変わる。親鸞の悪人正機《あくにんしょうき》（阿弥陀仏は信仰のない悪人・凡夫《ぼんぷ》こそを救う）のような転換がここにはある。そうやって、人間の内実に迫っていく。そして、「大菩薩峠」が書かれるのである。

†『大菩薩峠』の誕生

「大菩薩峠」は、一九一三（大正二）年に都新聞紙上で連載が開始された。以後、連載は六回にわたり、八年間をかけて断続的に執筆されることになる。

物語は、大菩薩峠で老巡礼が無残に斬り殺される場面から始まる。斬ったのは机龍之助。真剣で人を斬ることで、彼の剣術は異常に冴える。剣の魔物に魅入られている。そんな龍之助はあるとき剣術の奉納試合に出ることになる。対戦相手は宇津木文之丞《うつぎぶんのじょう》。龍之助の腕を恐れた文之丞の妻（お浜）は、流派の正統な継承者である夫の名誉のためにも、龍之助に試合に負けてくれるように頼みに行く。しかし龍之助はお浜を拘束し、「試合の勝負」と「女の操」のどちらをとるか、と問う。後日、お浜から、試合に勝って自分を奪えとの返信を得た龍之助は、文之丞を試合で打ち殺し、お浜とともに逃げる。そこで文之丞の弟の兵馬《ひょうま》は、兄の仇《かたき》を討つべく、剣の修行をしながら龍之助を追う。また、龍之助に斬られた老巡礼の孫娘のお松と、彼女を助けた盗賊の七兵衛も加わり、三人は仇討ちの旅に出る。

以上が、『大菩薩峠』という物語の大枠で、ニヒルな龍之助のキャラクターが物語に深みを与えているものの、構成そのものは単純な仇討《あだう》ち小説で、きわめて通俗的な内容である。介山としては、剣と女の魔力に魅入られて人生を転落していく、罪深い存在である龍之助を自分に重ねるところもあっただろう。というのも、社会主義や大逆事件といった思想闘争から脱落し、女性への欲望にも悩まされながら、結局は立身出世もできずに落ちていく自分自身の分身こそが龍之助だったからだ。

もちろん『大菩薩峠』という物語は、仇討ち小説である限り、兵馬が龍之助を追いつめ、一対一の真剣勝負を挑み、ついに龍之助を討ち果たして、兄の仇をとるという結末以外にありえない。だから、数回の連載を費やしても物語が終わらないたびに、介山は決して話の収集がつかないのではないと読者に弁解しながら、今後の展開や結末は見えているとして、兵馬が龍之助を討つ筋立てを示している。

その間、龍之助と兵馬は江戸から京都・奈良に移動し、伊勢を経由して、再び、江戸をめざす。そのなかで、江戸か大菩薩峠か、奉納試合があった御岳山《みたけさん》か、どこか因縁の場所で二人は出会い、果たし合いをするのだろう。龍之助は途中で失明するが、目は見えなくても剣の腕はまったく衰えない。

そして、五回目の連載は、完結を予告して始められる。だが、なかなか物語は進展しない。龍之助と兵馬はなかなか出会わない。通常、都新聞での連載小説は三カ月から半年で交替するのが常だが、一年以上経っても物語は終わらない。結局、二年経って、連載は終了するが、物語は終わらない。さらに一年後、六度目の連載を開始し、一〇カ月に渡って執筆を続けるが、それでも仇討ちはおこなわれない。物語は終わらない。

しかし翌年、この六度にわたる連載で書かれた物語を、編集して単行本二〇巻として出版すると、介山は『大菩薩峠』の完結を宣言する。

いったいこれはどういうことだろうか？

†『大菩薩峠』とは何か

『大菩薩峠』は仇討ち小説であるにもかかわらず、途中からその枠を逸脱する。いや、より正確に言えば、仇討ち小説という器は保ちながら、その中身がフニャフニャになって、脱力する。具体的には、龍之助は剣の道をはずれ、兵馬も吉原の遊女に夢中になり、どちらも堕落する。いわば、「仇討ち小説」から「~~仇討ち小説~~」へ。仇討ち小説の看板を掲げつつも、内容でそれを否定するのだ。

しかしこれは、失敗ではなく、ひとつの達成である。介山は、仇討ち小説を超える地点まで書きたかった。恩讐の彼方まで書きたかった。その超え方の答えが、これだ。愛憎が極まるのではなく、ゆるむ。脱力する。介山は、物語を書き進めるなかで、『大菩薩峠』のあるべき姿を見出したのだ。また、この行為は、社会主義や大逆事件を経て、主義主張を戦わすのではなく、別の道を選んだ介山の思想表現にもなっていると言えよう。

だから、『大菩薩峠』は終わらない。仇討ちは達成されないのだから、終わるはずがない。だが、言い換えれば、介山は〝終わらない物語〟を書きあげて、い、る、のであり、その意味では『大菩薩峠』は完成したと言えるし、また、どこまでも書き続けることができるのだ。実際、介山は『大菩薩峠』の完結を宣言した三年後、さらなる続編を書きはじめ、結局、作者の死によって未完となるまで書き続けられる。また、介山には特別な小説を書いているという自負も生まれ、登場人物たちの人生と因縁を延々と描いた『大菩薩峠』の世界を「カルマ曼陀羅《まんだら》」と称するようになる。主人公の龍之助は、因縁に縛られたまま、殺されることもなく、まるで「無明《むみょう》」（悟りのない状態）を体現したような存在となる。

この独自性が、大衆文学ブームの中でも、『大菩薩峠』の存在を異質なものにしている。『大菩薩峠』には、広さと深さがある。広さとは、大衆を魅了する、龍之助のニヒルな剣士というキャラクター。深さとは、単なる大衆小説にとどまらず、勧善懲悪や思想信条のイデオロギーを無化・真空化するような思想の包容性。この両者の要素が、大正・昭和の時代に、日本国民の心をつかんだのだろう。特に、大正デモクラシーの左傾化や、昭和の皇国思想の右傾化など、戦前はイデオロギーに熱狂した時代であった。『大菩薩峠』は、そこで人々の不満や違和感を受けとめ、寄り添う役割を果たしたに違いない。

ただ、残念なのは、仇討ち小説を超えた作品の価値に気づいた介山が、物語の前半に見られた通俗的なおもしろさや当初の設定までもカットする形で、『大菩薩峠』を編集したことである。だから、先に私が示した、剣の魔力に魅入られた龍之助の姿や、龍之助を誘惑するお浜の妖艶さは、現在の『大菩薩峠』では読めない。しかも、この編集は物語の流れが分からなくなるほどに粗雑で乱暴なものであるため、現在の『大菩薩峠』には、本文の前に「あらすじ」がついている。つまり、本文を読んだだけでは、意味が分からないのだ。

では、なぜ当時の人々は、『大菩薩峠』が読めたのか。それは、演劇や映画や口コミを通して、国民的な規模で、『大菩薩峠』はそういう話だという共通認識があったからである。だが、時代を経て、人々の共通認識がなくなり、現在の『大菩薩峠』のテクストだけが残されると、読者はこの作品が読めなくなり、『大菩薩峠』は一気に忘れられたのである。

†理想郷の建設をめざして

介山は『大菩薩峠』の成功により、新聞記者を辞め、作家として自立する。おりしも、大正

1930年頃、羽村の大菩薩峠記念館にて

末期・昭和初期にかけては、円本ブームで廉価の出版物が飛ぶように売れ、原稿料や印税のシステムが整備され、作家の手元に大金が転がり込むようになった時代だ。

『大菩薩峠』が国民的小説となったことには、菊池寛が一役買っている。都新聞連載時から、すでに渋沢栄一や永井荷風などが愛読していたが、あくまでローカル紙であるため、全国的には知られておらず、当初は『大菩薩峠』の単行本も自費出版だった。だが、菊池寛が文芸欄で褒めたことで、春秋社が出版を引き受け(大正一〇)、それが評判を呼び、人気役者の澤田正二郎による舞台の好評も手伝って、ついには大阪毎日新聞での続編連載が決定する。この百万部を超える全国紙での連載（大正一四）と、春秋社からのリーズナブルな普及版（昭和二）の刊行により、『大菩薩峠』は全国的な知名度を獲得し、人気を不動のものとした。

つまり、『大菩薩峠』は都新聞での連載が終わり、一度は完結が宣言される頃に、ようやく世間に再発見され、その影響で時代小説や髷物《まげもの》小説が流行り、介山は一躍、大衆小説の大家として位置づけられた。気づけば、介山はいつの間にか、立身出世の夢をかなえていたのである。

こうして名声と大金を手にした介山は、まるで若い頃に捨てた夢を拾い直し、トルストイの農本主義を実践するかのように、八王子や青梅など東京郊外の田舎に居を構え、自らはつつましやかに暮らしつつ、広い敷地を購入して、学校や塾をつくり、畑をつくり、印刷所をつくり、雑誌をつくり、本を出し、もちろん執筆活動は続けながら、人心教育や自身の思想の普及に取り組んでいく。理想郷を自分の手で建設していったのだ。

しかし、もともと夢や理想ばかり大きく、実現のための手段や計画性には乏しい介山である。学校は作ってもほったらかし。百姓を自称するも、畑仕事はせず、人に任せっきり。また、立身出世を果たし、〝王国〟をつくると、気位も高くなり、持ち前の正直とわがままのせいで、仕事相手とよく衝突した。『大菩薩峠』の舞台脚本では菊池寛の脚色を許さず、新聞連載の挿絵を描いた石井鶴三《つるぞう》の著作権も認めず、映画化に際しても日活と散々モメた。要は、『大菩薩峠』という唯一無二の特別な小説を生み出したのは自分であり、その作品に関するすべては自分のもので、自分の意に沿わない者にはまかせられない、というのが介山のスタンスだ。

とはいえ、気難しく横柄なばかりではなく、特に作品へのこだわりを離れれば、普段はおおらかで、純粋で、わけへだてのない人だった。人々に増長するなと説き、自らを百姓や平民と名乗ったのも、そのあらわれだろう。だが、一方で、世の中には民衆ばかりでなく英雄が必要で、その英雄は自分だと自認している側面があった。そこで、一九三六（昭和一一）年には、社会の閉塞状況を見て、衆議院議員選挙に立候補するが、最下位で落選する。それでも介山は、今回は選挙民を試すために立候補したのであり、諸君たちは我輩の試験の前に落第したのだ、とうそぶいた。

文学報国会への入会拒否

その後、時代は混迷の度を深め、日本は太平洋戦争へと突入していく。この時期の介山のエピソードとして知られるのが、文学報国会への不参加である。

文学報国会は、戦時国家への協力を目的とした文学者の団体だが、実質的には、国家による文学の統制と政治利用で、断われば出版の機会と収入を失うことになるため、左翼作家を含め、入会しなかった者はいない。ほとんど唯一の例外が、中里介山である。

介山は、自分は世の文士とは全く性質を異にするうえ、筆をもって以来、報国の念を離れたことがないから、今さら報国会に入る必要がない、と述べて断った。

だが、これは入会拒否であって、戦争反対ではない。社会主義や非戦論に熱中した頃の介山は反戦詩人として鳴らしたが、この頃の介山は軍の快進撃に熱狂する国民のひとりだった。大東亜戦争の正当性を信じ、真珠湾攻撃にも歓喜した。また、他の文学者と足並みが合わないのは、文壇で孤立していたからだ。自分の思想は釈迦、孔子、キリストの直系で、文学としてはユーゴー、トルストイに勝り、日本文学を超越した存在だというのが介山の自己評価だった。孤立を深めるほど、介山の自信と自慢は肥大化した。選ばれてもいないのに、芸術院会員も文化勲章も辞退した。これなら周りも放っておくしかあるまい。

介山は、内政を批判し、戦争に便乗する文学者を厳しく非難しながら、たったひとりで報国に力を尽くした。つまり、文学報国会とは違うかたちで、介山は大東亜戦争を戦ったのである。しかし、孤立していたがために、配給や統制が厳しくなると、すぐに出版事業は滞り、出るあてのない『大菩薩峠』への執筆意欲も先細りとなり、戦争の結末を見ることなく、介山は一九四四年に腸チフスのために亡くなった。五九歳だった。

もしも介山が戦争を生き延びていたら、戦争協力を拒否した文学者として、英雄視されることがあったかもしれない。しかしきっと、そういう気運に対しても、介山はきっぱりとNOをつきつけただろう。そして、単純に戦争を絶対悪と決めつけ、反戦や平和を声高に叫ぶだけの戦後日本に対しても、容赦なく一家言《いっかげん》を吐いたに違いない。

さらに詳しく知るための参考文献

中里介山『大菩薩峠』（全二〇巻、ちくま文庫、一九九五～一九九六）……中里介山と言えば、やはり『大菩薩峠』。本文中では読みづらいと指摘しましたが、正真正銘、これが介山の完成稿です。

中里介山『大菩薩峠【都新聞版】』（全九巻、論創社、二〇一四～二〇一五）……都新聞で連載されたバージョンの復刻版。井川洗厓《いかわせんがい》の挿絵もついて、親しみやすい。初心者にも上級者にもおすすめ。

『中里介山全集』（全二〇巻、筑摩書房、一九七〇～一九七二）……『大菩薩峠』以外の介山の作品が読めるほか、解説や月報も充実。

桑原武夫「『大菩薩峠』」（『パアゴラ』一九五七年五月号）……戦後、『大菩薩峠』の再評価のきっかけとなったエッセイ。『大菩薩峠』の根っこは深く、縄文時代の文化層にまで届いている、との指摘がおもしろい。『桑原武夫集5』（岩波書店、一九八〇）に所収。

笹本寅『大菩薩峠中里介山』（河出書房、一九五六）……介山について書かれた最初の評伝。ほかに、尾崎秀樹や竹盛天雄による評伝もあります。

桜沢一昭『中里介山と大菩薩峠』（同成社、一九九七）……介山の親族の方が書いた評伝。ほかに、介山の弟の中里健、甥の伊藤和也（中里敏郎）による評伝もあります。

安岡章太郎『果てもない道中記』（上・下、講談社、一九九五）……りきみの無いエッセイでありながら、大菩薩峠の世界を十分に味わえる一冊。

折原脩三『『大菩薩峠』曼荼羅論』（田畑書店、一九八四）……『大菩薩峠』の世界に魅せられた作者による情熱的な作品論。

野口良平『『大菩薩峠』の世界像』（平凡社、二〇〇九）……哲学の見地から、『大菩薩峠』の奥深さや人々をひきつける魅力の秘密を分析した論考。

伊東祐吏『「大菩薩峠」を都新聞で読む』（論創社、二〇一三）……単行本の『大菩薩峠』は難解で読めないと素直に告白する著者が、新聞連載版のおもしろさと重要性の再評価を促した問題提起の書。

第9講

長谷川 伸──地中の「紙碑」

牧野 悠

†苦労人の大衆作家

戦前期の民衆から絶大な支持を受けた戯曲と小説、ともに膨大な作品群を遺した長谷川伸《はせがわしん》は、二一歳以前の写真がなく、自分が子供のころの顔を知らないと語った。幼年期の薄倖さは、近代作家のなかでも群を抜いている。

一八八四（明治一七）年三月一五日、長谷川寅之助の次男として出生する。本名、伸二郎。生家の駿河屋は、横浜で土木請負業と材木店等を展開したが、長谷川伸が生まれるころには、すでに身代が傾いていた。

数えで四歳のとき、生母かうが家を去る。寅之助が遊蕩の挙げ句、妻妾同居を迫ったため、身を引いたのである。別れ際に、幼い長谷川伸は、「今に大きくなったらお馬に乗ってお迎えに行ってあげるから」と、泣く母を慰めたという。

駿河屋が倒産すると、父は煙草小間物荒物の店を開いたが、間もなく商売は停頓する。家族は住込みで働きに出ていき、さらに寅之助も、家財ぐるみ店を売り払って失踪する。棄てられたに等しい息子は、そのまま店の小僧として留まった。半年間ほどで父は戻ってきたものの、生活が苦しく、一〇歳から横浜のドックで働き始める。

正規の教育は尋常小学校三年で中退したが、小遣いを貯めて買った本や新聞の濫読により独学を続ける。辞書の存在を知らず、漢字の読みを憶えるには、新聞の振り仮名だけが頼りだった。撒水夫となり給金が増すと、夜学へ通い漢籍を学んだが、父の事業が行き詰まり、約二年で月謝を払えなくなった。その後、鳶人足や仕出し屋の出前持ちなど、職を転々とする。寅之助が土木建築の下請人として再起すると、父の手代を務めたが、結局、工事の資金難がもとで家業は破産に到る。二度目の一家離散は、一八歳のときだった。

こうした多端な少年期は、戦後の自伝小説「新コ半代記」および「ある市井の徒」に詳しい。両篇は、自身の置かれた不遇、その大半は不甲斐ない父によって生じたのが明白にもかかわらず、憎悪の陰を文面に留めていない点に特色がある。恵まれない環境で育った書き手による、ネガティブな感情を糧に、ときには虚構を交え生成された作品は少なくない。しかし、長谷川伸の場合は、過酷な境涯への怨嗟をつづる代わりに、社会の底流でふれあった庶民を、かつての自己と父と分け隔てなく、深い哀憐の念をこめて描き出した。

一九〇三年、投稿した劇評を採用されたのが機縁で、内外商事週報社の給仕となるが、三カ月ほどで会社が潰れた。翌年から英字新聞新社のジャパン・ガゼットで、臨時雇いながら記者生活をスタートさせるものの、間もなく兵役に就く。満期除隊後は、二五歳で横浜毎朝新報社に移った。退勤すると横浜の巷を彷徨し、無頼の輩や娼婦たちと交流したという。国家の庇護からこぼれ落ちて生きる人々への眼差しは、青年期にも育まれ続けたに違いない。それは、たとえ戦中戦後の激動期でさえ貫かれた、長谷川伸の終生にわたる姿勢である。

†股旅物から歴史小説へ

横浜毎朝新報社時代、八銭の天丼一杯を対価に連載小説一回分を代作したのが、長谷川伸にとっての処女創作だったという。しかし、作家として歩み出す直接の契機は、都新聞社への移籍である。一九一一年一二月の入社後、初めて会話した先輩の一人が、雄篇「大菩薩峠」を起草する前夜の中里介山《かいざん》だった。他に伊原青々園《せいせいえん》や平山蘆江《ろこう》など、黎明期の大衆文学を支えた顔ぶれが在籍していた。創作意欲を触発する都新聞の環境にあって、長谷川伸の執筆活動が本格化したのは、一九一四年からである。もっとも、その後の約一〇年間は、単に原稿料が目当てだったと彼自身は述懐して

長谷川伸（1884-1963）

いる。
出世作は、一九二四年に発表した「夜もすがら検校《けんぎょう》」だった。前年の「天正殺人鬼」に注目した菊池寛に勧められ、『新小説』に書いた第二作である。以前から、山野芋作や漫々亭主人などの筆名も併用していたが、以降は長谷川伸に統一した。精力的に創作を続け、四〇代になろうとする遅咲きではあるものの、作家としての地歩を固めていく。

新聞社に提出した辞表が受理され、文筆一本の生活に入ったのは一九二五年六月だった。同年九月から、時代小説作家の親睦会「二十一日会」に参加する。発起人は白井喬二《きょうじ》で、長谷川伸の他に本山荻舟《もとやまてきしゅう》や直木三十三（後の三十五）等がまず集い、やがて江戸川乱歩や国枝史郎たちが同人に加わった。従来、「書き講談」または「新講談」と呼ばれていた時代小説の革新を目指す、関東大震災後に昂じた文学運動としての機運が、会の結成をもたらしたのである。なお、「大衆文学」「大衆小説」等の語が一般化したのは、「二十一日会」の機関誌『大衆文藝』（第一次）の創刊や、平凡社が一九二七年に刊行を開始した『現代大衆文学全集』の成功によるところが大きい。

創作は小説にとどまらず、昭和改元の前後から戯曲にも領域を広げた。とりわけ、やくざ渡世のばくち打ちを主人公とする「沓掛《くつかけ》時次郎」「関の弥太《やた》ッぺ」「一本刀土俵入」などは、長谷川伸の作家イメージを確固とした作品群である。講談や実録物の、国定忠治や清水次郎長といった著名な博徒を扱う俠客伝と一線を画し、堅気の社会から逸脱した旅人《たびにん》にスポットが当てられる。やむにやまれぬ事情から他人を殺傷する運命に置かれた、義理と人情のはざまで葛藤する主人公と、その周囲で展開する人間模様が観客の胸を打った。悪の英雄視や暴力の讃美ではない、独自の物語世界を構築していく。これらは、一九二九年の「股旅草鞋」にちなみ「股旅物」「股旅小説」と呼ばれ、代表作は繰り返し上演、映画化された。他作家の参入も手伝い、時代小説のなかでも一二を争う人気ジャンルへ成長したが、創始者である長谷川伸の功績は、大衆文学史から逸することはできない。

最も人口に膾炙《かいしや》した戯曲が「瞼《まぶた》の母」である。五つで母親と生き別れ、旅人として世を渡ってきた番場《ばんば》の忠太郎は、永きにわたって探し求めた母と再会する。しかし、母は再縁後に生まれた娘の将来を案じ、やくざ者の息子を拒絶してしまう。作者の生立ちを濃密に投影する悲劇であると同時に、瞼を閉じて母を想う主人公の姿には、作品の反響で実母の消息が判明することへの期待が託されていた。

念願が叶ったのは、一九三三年二月一二日である。母かうは、横浜で生糸問屋を営む三谷宗《そう》兵衛《べえ》と再婚後、旧制一高教授や外務省勤務の異父弟と、不自由のない老後を送っていた。一五日の『東京朝日新聞』朝刊は、「奇遇・小説以上——互に慕ふ四十七年——長谷川伸氏と生母——皮肉な運命に勝つて再会」の見出しで、邂逅の模様を詳細に報じた。記事に「大衆文壇の重鎮」とあるとおり、すでに長谷川伸は、名実ともに大家であった。

一九三六年から翌年にかけて連載された「荒木又右衛門」も、新境地を拓いた作品として無視できない。当時の社会制度や政治的背景を尊重し、〝鍵屋の辻の決闘〟の実像に迫る長篇歴史小説である。長谷川伸は、「敵討冗《むだ》の三年」や「敵討鎗諸共《かたきうちやりもろとも》」のように、活動の初期より報《ほう》仇譚《きゆうたん》を数多く手がけたが、本作では、講談や芝居で壮大な誇張を伴って語られた通説を退け、博捜した史料を縦横に駆使する方法により、見落とされた武士の信念と倫理を復元していく。これを長谷川伸の最高傑作に推す評者も多い。

「荒木又右衛門」の完結から約半月後、盧溝橋事件が発生する。声価の定まった後に直面した戦時期を、作家はいかに通過したのか。

†「文筆報国」と後進の育成

広義の戦争協力に投じたコストでいえば、長谷川伸のそれは他を圧していたに相違ない。少なくとも、実質的な貢献度と積極性においては、時勢におもねり体制の拡声器となった便乗型作家たちの比ではない。

日中開戦直後には「関の弥太ッぺ」などを収録した自作集を自費出版し、三〇〇〇部ずつ陸海軍に寄贈した。表紙に日の丸を配し、扉には「我等の将兵諸士に捧ぐ」とあるポケットサイズの小型本だった。自身の三年間にわたる軍隊生活から、戦地で不足する読物での慰問が適当と考えたためである。これを「文筆報国」と伝えた記事では、「万歳文庫とでも名付けて大量に送りたいものですが、個人では中々出来ません」と述べている（『東京朝日新聞』朝刊、一九三七年一二月二七日）。長谷川伸の許には、戦線から軍事郵便で感謝状が殺到した。また、匿名で

昭和十二年十二月二十七日（月曜日）

豆本慰問ヒット
涙の作家が思ひ付きの六千部
禮状山積に　贈り主感激

長谷川伸が自作集を陸海軍に寄贈したことを伝える記事
（『東京朝日新聞』1937 年 12 月 27 日付）

陸海軍省へ多額の献金を続けており、一万数千円分の領収書が没後に発見された。貧しい若者や老人にも、惜しみなく生活資金を送ったという。

一九三八年には、土師《はじ》清二や中村武羅夫《むらお》等とともにペン部隊の一員として海軍に従い、広東周辺の戦跡を視察した。帰国直後に、新小説社を経営する義弟の島源四郎から、雑誌『大衆文藝』の復刊に向けた資金援助を依頼される。白井喬二が主催した第一次は通算一九冊で廃刊し、平山蘆江による第二次も短期で終わっていた。長谷川伸は要請を快諾し、一九三九年三月に第三次『大衆文藝』が始動する。

創刊号には、長谷川伸や甲賀三郎等の創作とともに、「南支海軍従軍作家団随筆集」が掲載された。島の目的は、低俗化した大衆文学の復興にあったが、出版人としての嗅覚も鋭敏だった。誌面には「戦地の兵隊さんに一番喜ばれてゐる」と惹句を附した、新小説社刊『皇軍慰問文庫』の広告がある。大部数の注文には、配送サービスや寄贈者名の印刷など特典が付いたそうだ。小型本による慰問の代行産業化であり、シリーズには長谷川伸の他、岡本綺堂や江戸川乱歩等の作品も並んだ。講談社が先鞭を付けた慰問用読物の市場へ、進出を試みる出版戦略だった。

版元の思惑はさておき、長谷川伸は、新人養成の場であり、自身の意欲作を発表する媒体として、『大衆文藝』をとらえていた。最初の収穫は、創刊号より連載された棟田《むねた》博「分隊長の手記」である。作者は、戦傷のため前年に帰還したばかりの歩兵伍長だった。貧苦から生活費援助を求めて以来、応召後も長谷川伸と文通を続けていた。山東省で先遣決死隊に選ばれた際に永別の手紙を出したが、受け取った長谷川伸は、封書を肌身から離さずに無事を祈ったという。武運強く生還した後にまとめた戦場体験記は、出版直後から急速に版を重ね、文部省推薦図書にも選定された。

また、以前から主導していた脚本の研究会「二十六日会」に加え、新たに若手作家のための小説勉強会を発足させた。結成間もなく「新鷹会《しんようかい》」と改称し、俗に〝長谷川部屋〟と揶揄されるほど、多くの弟子（この語を嫌った長谷川伸は、「若い勉強仲間」と呼んだが）を送り出す組織に発展する。『大衆文藝』は、その機関誌と位置付けられ、誌上で腕を競ったのは、村上元三、山手樹一郎、山岡荘八など、時代小説の次世代を担う面々だった。

当人は金銭に淡泊で質素な生活を守り続けたが、戯曲の上演料や映画の権利料により莫大な収入があったはずだ。そこで、大口の慰問を実施し、後進の創作支援のため私財を投じた長谷川伸のポジションは、大御所と呼ぶにふさわしい。商業誌への作品提供は続けていたが、生活のための執筆は必要なかった。書いておかねばならぬ作品に心血を注ぎ、無償で『大衆文藝』へ提供するという、きわめて純粋な創作活動に入ったのは、芝二本榎西町の新邸に移った一九四〇年ごろからだ。

その代表作「相楽総三《さがらそうぞう》とその同志」は、倒幕の先鋒を務めながら、官軍上層部の陰謀で抹殺された赤報隊に関する長篇史伝である。あらゆる階層から蹶起した草莽《そうもう》の志士たちの事蹟と、昭和初年に冤罪が雪《そそ》がれるまでを、一三年を費やして蒐集した史料群に基づき丹念に叙述した。長谷川伸は本作を「紙の記念碑」、あるいは「筆の香華」と呼んだ。埋もれた人々の功績を実証し、将来に書き残す仕事を、作家人生終盤の主題に選んだのである。

一連の「紙碑」は、広範な読者を対象とする作品ではなかったが、一部の知識人には深い感銘を与えた。一九四四年一二月初旬、中央線の車中で長谷川伸は、見知らぬ紳士から丁寧な挨拶を受けた。「幸福な気持ちを抱かせて貰いましたお礼を、ひと言申したいと思いまして」と名刺を差し出したのは、折口信夫だった（加藤守雄『わが師折口信夫』文藝春秋、一九六七／朝日文庫、一九九一）。折口は「相楽総三とその同志」を、「之を読みながら、私は幾度殆《あやう》く号泣せんとしたか訣《わか》らぬ」と絶賛している。

†防空壕のスーツケース

市井の徒を自認していた長谷川伸は、表立って戦意高揚のための筆舌をふるうことは少なかった。代わりに、声望に恥じぬだけの「報国」を実践躬行《きゅうこう》したと評価すべきである。にもかかわらず、官憲は黙殺と弾圧をもってこれに酬いた。

一九四三年には、ラジオドラマとして書下ろした「アメリカ軍艦の日本人」が、軍により放送を禁じられ、原稿も没収されている。さらに、東京では警視庁が、長谷川伸の戯曲を一切不許可とした。上演中の絵看板には墨で×印を入れられ、ポスターが破り捨てられた。内務省からは、全面禁止が全国に通達されたという。意地のためアウトローが力を行使する作品世界を許容するだけの余裕を、もはや体制は残していなかった。

用紙不足のため新聞・雑誌の統廃合が進み、しだいに作品を発表するメディアが失われていく。牙城である『大衆文藝』も、一九四四年五月号から「決戦版」と称し、わずか三二頁での発行を余儀なくされた。毎号の表紙には、「一億古賀元帥に続け　戦闘一本」「一億みな怒れこれが戦争だ　空襲にも勝て」などの文字が躍った。

爆撃が熾烈化すると、焼け出された人々が被害を免れた長谷川邸へ転がり込み、同居者は二〇名を超えた。その中にいた村上元三が、「先生おやじ」(『大衆文藝』一九五四年五月号)などで当時を回顧している。戦時下でも、主催した小説・脚本の研究会を休まず、門弟たちは鉄兜を背負い、ゲートル巻きで集合した。ラジオを聴きながら議論を続け、空襲警報が出ると庭に下りて散会し、警報解除になると座敷に戻って再開する一幕が毎月繰り返された。困ったのは、長谷川伸が空襲の最中にも、防空壕へ入ろうとしないことだった。村上はいざとなれば、師の老軀を強引に書棚の間へ押し込む覚悟を決めていた。

サイレンが鳴るたびに、玄関前に掘られた防空壕へ村上が第一に運び込んだのは、大きな革製スーツケースだった。長谷川伸のライフワークである敵討ちの事例（戦後「日本敵討ち異相」に結実する）と、日本史における捕虜の処遇についての草稿や資料類が収められていた。一九三九年から捕虜を扱った作品を断続的に発表しており、「生きて虜囚の辱《はずかしめ》を受けず」と鼓吹する戦陣訓が、日本兵の思考を拘束していた時代状況にあってなお、否認されるべき存在を対象とする研究を怠らなかったのである。戦地から帰還した門下生たちからも、大陸での実態を伝え聞いたと思われる。

長谷川伸は、「この稿が成るのと命がケシ飛ぶのといずれが先かなあ」と、妻に呟いたという。たとえ戦災で落命し国が焦土と化そうとも、いつか地中の資料が発見され、継承した者が完成させると信じ、草稿執筆に残存の生命を傾注した。スーツケースが捕虜史の四〇〇枚、敵討ち研究が六〇〇枚の原稿用紙で充満したころ、日本は屈した。

†師と弟子たちの戦後

降伏の前後、行く末を案じた門弟たちが、教えを乞いに続々と押し寄せた。強硬だったのは、山岡荘八と湊邦三である。長谷川伸は、特攻隊に志願して戦場に散ろうと血気にはやる二人を、それは作家の採るべき道ではない、と長い時間を費やして諄々と諭した。

八月一六日の朝（同行した村上には、一五日午後とする回想もある）、二重橋前広場へ赴いた長谷川伸は、突如砂利の上に座り込むと、宮城に向かって平伏し、「申訳ありません。働きます、働きます」と慟哭しつつ繰り返し叫んだ。

闇物資購入を厳禁したため栄養失調で憔悴していたが、仕事の再開は早かった。「復興版」として送り出された『大衆文藝』一〇月号には、長谷川伸の「鍋水《なべみず》」が掲載されている。文化年間、高輪泉岳寺から一帯に燃え広がった大火の渦中を、忠義の奉公人が主人の遣いで大金を届ける短編小説である。同時代読者ならば当然、逃げ惑う庶民の群や火傷を負った者が苦悶する描写から、空爆下の光景を想起しただろう。疲弊した主人公が行き過ぎる焼跡を、現前する廃墟と切り離すのは不可能だったはずだ。ただし、物語の結末では、許嫁や主人と無事を確認し合う場面が描かれ、再建への希望が暗示される。広く読まれたとはいいがたいが、戦後を歩み出した長谷川伸の確かな意欲を示す一作である。

体力の回復とともに、長谷川伸は堰を切ったかのように旺盛な創作力を発揮した。とくに、一九四八年前後の執筆量は驚異的で、粗悪な仙花紙製のカストリ雑誌にまで、さかんに作品を提供している。並行して、戦火から守り抜いた草稿の改訂を続けた。

「日本捕虜志」は、一九四九年五月から『大衆文藝』に連載された。初刊時の序文で、「日本に関する捕虜に就て、世界無比の史実を闡明《せんめい》し、どの程度かは知らず残存する日本人の間に、語り継ぐべき資料を遺さんとした」と記したとおり、戦時中は母国の滅亡をも想定し、まさに遺稿として編まれた労作が、ついに陽の目を見たのである。

日清、日露戦争を中心とする本作では、いかに日本人が捕虜を遇するに手篤かったかを物語る事例を連ね、「日本人としてその頃では当り前だった」と、武士道的ヒューマニズムの遍在が主張される。歴史研究の進んだ今日、反証のための事実を提示し、本作で語られた日本人像を、作者の信念に根ざした願望だと一蹴するのは容易い。しかし、佐藤忠男が『苦労人の文学』で、そうした資料選択上のバイアスを認めつつ、戦時下における庶民の心情を書き留めた営為自体を比類ない偉業と評価したように、激変する時代と正対し、誠実に責務を全うした稀有な作家として、長谷川伸は記憶されるべきであろう。

また、外には日本人像の名誉回復を、内には美風を忘却した近年への猛省を訴求するメッセージを、あえて占領期に発した点に、長谷川伸ならではの意地が認められる。高潔な精神性を後世へ伝承する「紙碑」を志向した本作から、異郷で服役する同胞へのシンパシーを読む論者も少なくない。

もっとも、発表当初は芳しい反響を得られなかった。掲載誌を毎月GHQへ郵送したが、梨のつぶてだった。『大衆文藝』の発行部数も少なく、批評の対象にすらならなかった。しかし、私家版として刊行し、外務省と在外公館など諸方面に寄贈したに過ぎなかった「日本捕虜志」

に対し、一九五六年に第四回菊池寛賞が贈呈される。紫綬褒章を辞退したという長谷川伸だったが、恩人の名を冠した賞は快く受けた。受賞と七二歳の誕生日を、門下生たちは長谷川邸の庭に舞台を造り、盛大に祝った。

「新鷹会」は、戦後も平岩弓枝や池波正太郎などを送り出したが、彼等は口を揃え、長谷川伸の蔵書から受けた恩恵について語っている。スーツケースのなかに眠っていた草稿の一部は、平岩の夫である伊藤昌輝《まさてる》の校訂で、『日本敵討ち集成』（角川文庫、二〇一八）として刊行された。遺作「日本敵討ち異相」から、実に半世紀以上を経ての「新作」だった。自らの創作のみならず、遺産を継承する人々を育て上げた実績もまた、日本文化史に印された長谷川伸の足跡といえるだろう。

付記　本稿は、JSPS科研費18K00292による研究成果の一部である。

さらに詳しく知るための参考文献

＊現在までに長谷川伸の詳伝は出ていないので、人物像を理解するためには、全集や文庫の解説、作家論、雑誌記事などの情報を広く収集する必要がある。

『長谷川伸全集』全一六巻（朝日新聞社、一九七一～一九七二）……代表作を収録し、解説や年譜、月報も参考になる。ただし、長谷川伸の作品数は膨大であり、本全集に収録されたのはごく一部に過ぎない。

刊本や初出誌の参照も不可欠である。

村上元三『思い出の時代作家たち』（文藝春秋、一九九五）……戦時中の長谷川伸を身近に見ていた作家であり、多く言及している。しかし、村上による他の回想との齟齬も少なくないため、本講執筆に当たり、『大衆文藝』等に掲載されたテキストも適宜参照した。

佐藤忠男『長谷川伸論』（中央公論社、一九七五／中公文庫、一九七八／岩波現代文庫、二〇〇四）……長谷川伸の作品に通底する義理人情の問題について考察した作家論であり、取り上げられた作品数も多い。第一に手に取るべき文献である。同じく佐藤の『苦労人の文学』（千曲秀版社、一九七八）も、併せて参照したい。

山折哲雄『義理と人情　長谷川伸と日本人のこころ』（新潮選書、二〇一一）……長谷川伸の作家論として入手しやすく、折口信夫や司馬遼太郎等との比較も行われている。作家論・作品論には、他に平岡正明『長谷川伸　メリケン波止場の沓掛時次郎』（リブロポート、一九八七／復刻版・『長谷川伸はこう読め！』彩流社、二〇一一）および鳥居明雄『長谷川伸の戯曲世界　沓掛時次郎・瞼の母・暗闇の丑松』（ぺりかん社、二〇一六）がある。

真鍋元之『大衆文学事典』（青蛙房、一九六七／増補版・一九七三）……著者は『大衆文藝』の元編集者であり、大衆文学研究の基礎的文献として位置付けられる。他に尾崎秀樹『大衆文学の歴史』上下（講談社、一九八九）や大村彦次郎『時代小説盛衰史』（筑摩書房、二〇〇五／ちくま文庫、二〇一二）が、大衆文学史の概観に有用である。

中谷治夫『大衆文学への誘い――新鷹会の文士たち』（文芸社、二〇〇六）……長谷川伸の門下生についてまとめている。なお、初期の第三次『大衆文藝』は散逸が著しく、比較的多くを所蔵する神奈川近代文学館でも全号を網羅していないものの、荒井秀夫編「大衆文藝　第三次　総目録」（『大衆文藝』一九七二年六月〜一九七三年八・九月号）で内容を確認できる。

＊戦時下における他の大衆作家の動向を知るには、吉川英治については桜井良樹『宮本武蔵の読まれ方』（吉川弘文館、二〇〇三）が、大佛次郎は小川和也『大佛次郎の「大東亜戦争」』（講談社現代新書、二〇〇九）が参考になる。

第10講

吉屋信子——女たちのための物語

竹田志保

†現在の吉屋信子イメージ

今日、吉屋《よしや》信子《のぶこ》は、中原淳一の可憐なイラストとともにイメージされるような、少女同士のロマンチックな友愛を描いた少女小説の作者として知られている。あるいは、戦前から女性パートナーと共同生活をし、最期のときまで生涯を共にした同性愛者でもあったという先駆性にもしばしば注目されるところである。

ただし、現在市場に流通する吉屋作品は少女小説を中心とした非常に限定的なものであり、創作の内容そのものよりも、実生活の逸話や断片的な作品イメージの方が先行して語られる場面も多い。

もちろん吉屋信子という作家は、少女小説からスタートし、その後も長く少女小説を作り続けていたことは確かだが、昭和戦前期には、少女雑誌に限らず、新聞や婦人雑誌を中心に広く絶大な支持を得た流行作家でもあった。読者の多くはやはり女性であるが、単に小説の執筆だけに留まらず、同時にさまざまな媒体で対談や取材などに登場して女性たちを啓発するオピニオン・リーダーとしての役割も担っていた。こうした吉屋の多岐に渡る仕事や、彼女が持っていた影響力については、専門的な研究の場以外ではあまりよく知られていないように思われる。特に戦時下において、女性作家の代表として吉屋が果たした役割は、看過することのできない多くの問題を含むものである。本稿では、吉屋信子の生涯を概観しつつ、特に戦時下の動向についても改めて検討していきたい。

†作家としての出発

吉屋信子は、一八九六(明治二九)年一月一二日、新潟市で父・雄一、母・マサの長女として生まれた。両親共に山口県萩出身、毛利藩士の血をひく武家の雰囲気の残る厳格な家庭で、男兄弟のなかで育った。父は地方官吏として各地を転々とし、彼女が小学生の頃、栃木県下都《しもつ》賀《が》郡長として、足尾銅山鉱毒事件にも関わっている。

吉屋は一九〇八年に栃木高等女学校に入学し、この頃から『少女世界』『少女界』などに投稿を始めている。『少女界』では一九一〇年に童話「鳴らずの太鼓」で一等当選するなど、次第に常連投稿者として名を知られるようになる。その後は『文章世界』や『新潮』などにも投稿し、文学への希望を高めていく。女学校卒業後には上京を望んだが、両親の反対を受けてすぐには果たされなかった。一時は日光小学校で代用教員などをしていたが、東京帝国大学在学中の三兄・忠明の進言によってようやく両親を説得し、一九一五（大正四）年に上京を果たす。その頃から『良友』や『幼年世界』などに少しずつ童話を発表するようになり、一九一六年に『少女画報』に送って採用された『花物語』は、当時の少女たちに圧倒的な支持を受け、一九二四年頃まで続く長期連載となった（『花物語』は一九三七年から『少女の友』で再び連載されており、中原淳一の装画が付されたのはその頃である）。

上京後は忠明の下宿に身を寄せていたが、一九一七年、忠明の帝大卒業に伴って、吉屋は四谷のバプテスト女子学寮に入舎して、玉成保母養成所に通学する。その後退寮して神田の基督教女子青年会（YWCA）の寄宿舎に入っている。一九二〇年に発表された『屋根裏の二処女』は、この頃の体験を基にしたものである。

吉屋信子（1896-1973）

転機となったのは、一九一九年に『大阪朝日新聞』の懸賞小説に応募した「地の果まで」の一等当選である。これによって彼女の名は広く知られるところとなり、ちょうどその頃に父の死も重なって、文学を生業とすることへの覚悟を新たにしたという。

吉屋が晩年までのトレードマークともなる断髪にしたのは早く、一九二一（大正一〇）年頃と言われている。中村武羅夫は「日本の婦人で、最も率先して断髪にしたのは、吉屋さんなどだらう」（「前衛に立つ人々のクロオズ・アップ　吉屋信子」（『新潮』一九三〇年一月）と語っており、彼女の新進性が窺えるエピソードである。

また、一九二三年には山高しげりの紹介で、パートナーとなる門馬千代と出会っている。震災後に長崎で一時同居したのち、一九二六（昭和元）年に下落合に新居を構えて、二人の本格的な共同生活がスタートする。

千代については、対外的には「秘書」などとして説明されたが、実質的には「結婚」であったと言ってよいだろう。千代は家事や身の回りのことを一手に引き受けるだけでなく、ときには作品や仕事の方向性について厳しい批評をくれる相手でもあった。二人の関係については、千代に取材協力を得てまとめられた吉武輝子の研究『女人　吉屋信子』に詳しい。喧嘩をすることはあっても、吉屋は千代に絶大な信頼と感謝をもち続け、晩年（一九五七年二月）には正式に養嗣というかたちで籍を入れている。

この頃、女性同士で共同生活を送った例は他にもいくつかあるが、これほど長期に渡って良好なパートナーシップを維持したことはやはり特筆される。ただしそれは吉屋が当時の女性としては破格の経済力と地位を獲得することができたからこそ、可能なことであったとも思われる。これを単に二人の愛情や意志の強さだけに還元して特権的に語ってしまうことは、当時ありえた女性たちの絆を過小評価することでもあるだろう。とはいえ、例外的に成功した女性作家だからこその風当たりにも苛烈なものがある。当時のメディアには二人への偏見や好奇のまなざし、揶揄するような言説が絶えず囁かれていくこととなる。

千代のサポートを受けて、吉屋の作家活動は徐々に波に乗り、一九二八年には、新潮社の所謂「円本」である『現代長篇小説全集』によって多額の印税を手にして渡欧、パリを中心にヨーロッパ各地に滞在したのち、アメリカにも渡って一年後に帰国している。

この頃から婦人雑誌、少女雑誌などの連載も次第に数を増やし、一九三三年の「女の友情」(『婦人倶楽部』)、一九三六年の「良人《おっと》の貞操」(『東京日日・大阪毎日新聞』)などは大きな反響を呼ぶ社会現象的なブームとなって、吉屋は流行作家としての地位を確かにした。劇化、映画化の話題も相乗効果をなし、また次々と家や別荘を建てる華やかな暮らしぶりも、しばしばメディアを賑わせている。

吉屋の小説の多くは、中上流階級の女性を主人公として、彼女たちの友情や恋愛・結婚などの問題を取り上げたものである。男性中心的な社会への批判を根底に置きながら、さまざまな困難を経て、女性たちが互いに助け合い、高い精神性を持って自身を向上させていくような展開を常としている。また日常的な生活描写もふんだんに取り込まれ、女性たちのお洒落や軽妙な会話なども、読者の共感と関心を集めるところであったと想像される。ただしこうした雰囲気はやはり男性には敬遠される傾向があり、またあくまで文学的には価値の低い「通俗小説」として扱われ続けていた。

†日中戦争下の活動

一九三七（昭和一二）年、多忙を極めて胆石を患った吉屋は、節筆のため『主婦之友』と専属契約を結ぶ（翌年に新聞は『東京日日・大阪毎日新聞』と専属契約している）。しかし日中戦争の勃発以降、『主婦之友』は吉屋を取材記者として奔走させる。早くも八月に北支、九月には上海へ赴き、それぞれ「戦禍の北支現地を行く」（『主婦之友』一九三七年一〇月）「戦火の上海決死行」（同一一月）という取材記事を発表している。続いて一九三八年八月『主婦之友』特派員として満ソ国境へ、九月に情報局従軍文士（ペン部隊）で林芙美子と並ぶ「紅二点」として海軍班に随行し漢口へ、その後も満州、インドネシア、ベトナム、タイなどに赴いて『主婦之友』に取材記事を発表し続けている。

記事の内容としては、戦地の実況、軍隊や病院への慰問、当地の人々の暮らしの見学のほか、軍人との座談会や、汪兆銘との対談（「汪兆銘に会って来ました」（一九三九年一一月）というものもある。吉屋の報告文は「すべて、女性の立場から、女の眼で心で見て感じる記事」（「戦禍の北支現地を行く」）を旨として『主婦之友』も「事変以来、現地報告に類するものは数多ありますが、女性の眼を以て、女性の心情を以て、かくも詳細に現地を描き盡されたものは、未だ嘗つてその例がなく、本社が自信を以て世に送る時局の一大文章であります」（「吉屋信子女史　香月

上「戦禍の北支現地を行く」（『主婦之友』1937 年 10 月）
下「汪兆銘に会つて来ました」（『主婦之友』1939 年 11 月）

軍司令官を陣中慰問」一九三七年一二月）と謳っている。多くの論が指摘するように、同じ女性としての共感から、中国女性の被害にも言及して同情的な視線を注ぐ吉屋の報告文は、その他の従軍記にはない特質を持っているが、それを盟主日本への統合によって救済しようとする「コロニアルな語り」（飯田祐子「従軍記を読む」、『ポストコロニアルの地平』世織書房、二〇〇五）に帰着する限界を抱え込んでいる。

また、これらの報告文と並行して、一九三九年一月より「女の教室」（『東京日日・大阪毎日新聞』）、同年七月より「未亡人」（『主婦之友』）などの小説も連載されている。「女の教室」では一九三六年春から一九三七年の南京陥落までの時代を背景に、女子医科専門学校の同窓生である七人の女性医師たちが、それぞれに職業や恋愛などの悩みを乗り越えて成長していく姿が描かれる。物語の前半は、女性たちの友情を描いた戦前の作の雰囲気と大きく変わらないが、彼女たちは戦時下で徐々に自らの使命に目覚め、個人的な恋愛問題を清算して、公的な仕事に邁進していくことになる。登場する中国人留学生や満州の女性の描写には、やはり当時の「東亜新秩序」のイデオロギーが濃厚に反映されている。

また、本作では女性医師がモチーフになっていることも注目されるところである。それまで医師の職業は圧倒的に男性の領域であったが、実際に日中戦争以後は男性医師の不足から、女性医師の重要性が指摘されるようになっていた。この物語は、それまで退けられていた女性たちが地位を奪取する契機として、戦争を価値づけているのである。戦時のフェミニズムの陥穽を考えるためにも重要な一作である。

†太平洋戦争下の活動

この頃の吉屋の位置づけを知る資料として、一九四一（昭和一六）年七月に内閣情報局が作成した「最近に於ける婦人執筆者に関する調査」（国立国会図書館憲政資料室所蔵）がある。当時の近衛内閣の国家総動員体制の強化にともなって、内閣情報局は、陸軍報道部、警保局図書課、外務省情報局と連携して国内の言論指導を担っていた。この資料は、部外秘扱いではあるが、「長期戦下銃後の一端を担ふ婦人に対し或程度の指導力を持つと認めらるゝ婦人執筆者の動向に関して調査」したもので、「輿論指導上の参考資料として」「本書の内容は可成広く利用せらるゝ事を希望する」とある。

調査の対象となったのは『主婦之友』『婦人倶楽部』『婦人公論』『婦人之友』『新女苑』『婦人朝日』『婦女界』の八誌で、特に注目されている執筆者は、阿部静枝、伊福部《いふくべ》敬子《としこ》、市川房枝、奥むめお、河崎ナツ、神近市子、窪川稲子、髙良《こうら》富子、帯刀《たてわき》貞代、竹内茂代、中本たか子、野上彌生子《やえこ》、羽仁もと子、羽仁説子《せつこ》、林芙美子、円地《えんち》文子《ふみこ》、宮本百合子、村岡花子、山川菊栄《きくえ》、そして吉屋信子である。

まず、各誌についての概観では「智的水準の高い婦人層を対象」とする『婦人公論』や『新女苑』の内容を高く評価する一方で、『主婦之友』や『婦人倶楽部』はそれぞれ一二二万部、九八万部という圧倒的発行部数を持つものの、質的には低級であり「営利主義」で、一部の執筆者の独擅場となって「いかゞはしい婦人執筆者が害毒を流す」ことが問題視され、「最も指導力ある婦人執筆者を得てしかるべき」とされている。これは当時『主婦之友』と専属契約を結んで多くの記事を発表していた吉屋を間接的に批判するような表現であり、かならずしも当局が吉屋を指導者として重視していたわけではないことがわかる。

執筆者個別の評価をみても、吉屋については「影響力は、其の婦人層に持つてゐる人気を考慮するだけでも、充分認められても良いが、其の人気なるものが、所謂、根拠のないスターヴアリューから出たものであり、実質的には空虚であると感ぜられるのは残念」として評価を下げられている。そもそも本資料では「評論」の指導上の効果を重視して「小説」がもつプロパガンダ性には大きな意味を見出していない。また林芙美子の文学性を評価する文脈で「歪められた現実描写を事とするか、歯の浮く少女趣味の愚劣な虚構の多い作品の氾濫する中」という指摘があることと合わせて考えれば、同じく「小説」の枠のなかでも吉屋の作はあくまで現実ばなれした「通俗小説」として見なされていたのだろう。

続けて雑誌社からの回答として「F社」(『主婦之友』と推察される)は、吉屋について「婦人として余りに聡明であるきらひはあるが、女性に向ける目はつねにやさしく、深く其の真理をも把握して、之を指導して行く才能を会得してゐる人だと思ふ」「F社は斯うした人格の人を得て、初めて百万に余る読者層をつなぎとめる事が出来ると思ふ」と、吉屋ならではの価値を強調しつつ、「時代を見、それに応ずる人だと思ふ。飽く迄も国家中心者である。陸海軍の方に愛されるのも尤もであると思ふ」と擁護している。

吉屋は長く女性たちの強い支持を受けてきた。その小説や報告文には難解なところがなく、素朴な実感や共感をもって読むことのできる親しみやすさがある。また「通俗小説」の娯楽性は理論的な指導としては不適格であろうが、娯楽であるからこその力を持つことがある。菅聡子《かんさとこ》が指摘したように、同情や感動という強い情動をひき起こす物語は、多くの人々を大きな目標や使命に動員することを可能にする（菅聡子『女が国家を裏切るとき』岩波書店、二〇一一）。『主婦之友』は、この時局に際して、自誌の読者層に対する指導力を熟知していたからこそ吉屋を重用したのだろう。そして実際にそうした方針が多くの女性読者に支持され、効果を発揮したからこそ、他の女性雑誌が休刊・廃刊を余儀なくされるなか、『主婦之友』だけが戦中も途絶えることなく刊行を続けることができたのだろう。

吉屋は取材のために滞在していたサイゴンで日米開戦を知り、一〇日後に帰国している。そのときの感動は、「新しき日」（『東京日日・大阪毎日新聞』一九四二年四月〜八月）、「月から来た男」

（『主婦之友』一九四二年五月〜翌年七月）などの作品として発表されている。いずれの作でも、一二月八日の開戦の報が象徴的に位置づけられ、それを契機に国への奉仕に目覚めることが描かれる。一九四四年に刊行された単行本『月から来た男』（白林書房）のあとがきにも「私はこれらの作品を書くと共に、自分の筆の過去から、新しき出発を感じた」「そして、私は今こゝから更に力の限り歩みつゞけたい。国と共に、われら民族と共に」と記されている。

一九四〇年一一月に吉屋も尽力して発足した女流文学者会は、一九四二年に文学報国会として統合され、あらためて文学者たちの国策宣伝への協力が確認された。一九四三年頃も吉屋は大政翼賛会、大日本婦人会ほかの懇談会や講演などに駆け回っている。しかし徐々に執筆は制限され、一九四四年三月、鎌倉に疎開する。鎌倉では久米正雄の句会に参加し、高浜虚子に師事して『ホトトギス』などに投稿するのみであった。一九四五年三月一〇日には牛込の留守宅を空襲で焼失している。

†戦後から晩年まで

終戦後、吉屋は一九四六（昭和二一）年頃から各誌で執筆を再開し、戦中の作の再刊などもすぐに始まった。ただし、その際には占領下の言論状況に即して全面的にテクストの改稿・削除がなされている。これらの改稿の具体的な作業が、作家と出版社の間でどのように行われたのか、詳細は現在も不明のままである。吉屋の死後刊行され、現在定本となっている朝日新聞社版全集においても、戦中の仕事の多くは収録されず、あるいは特に注記のないまま戦後に改稿されたテクストが採用されているが、これは今後さらに調査・検証の必要なところである。

戦後の吉屋は、戦中の自身の状況については「そのころたいていの作家はヤレ自由主義とか英米的とかで執筆追放の憂き目だった。ものの数ならぬ私までにらまれてもう何も書けなくなった」（「久米正雄」『私の見た人』朝日新聞社、一九六三）と振り返り、あるいは雑誌『輝ク』を主宰して積極的に報国活動をした長谷川時雨と対比して「二・二六事件以来、軍民離反の風潮を帯びたわたくしたちはそう時雨さんのように夢中で飛びつけず誰も多少、暗い前途に生意気ながら批判の眼を向けて気が沈み勝ち」（「美女しぐれ」『自伝的女流文壇史』中央公論社、一九六二）であったと語る。

また一九五三年には舌禍事件と呼ばれる騒動があった。一九五三年三月号の『婦人公論』誌上の「吉田首相を囲んでの午後」という吉田茂との座談会（他の参加者は西崎緑・木暮実千代・麻生和子）で、再軍備の話題をめぐって吉屋が「自分の息子を喜んで国の楯に捧げることに誇りを感じなければ」と発言したことが、反動的として主に女性たちから強い批判の声が寄せられたのである。最初の反応として、一九五三年二月一一日『朝日新聞』の「天声人語」で「一主婦から送ってきた手紙を少し抜書き」したというかたちで「母になったことのない吉屋さんが、人の子をあっさりと心易く楯にささげよと世の母親たちに要求されますが、これを迷惑と抗議するのは間違っていましょうか」という意見が紹介された。

これに対して吉屋本人が『朝日新聞』二月一三日の投書欄「声」で反論している（「天声人語」に寄す」）。さらに『毎日新聞』二月一四日の記事では和歌山県の婦人会から三千名の署名と抗議文が送られたことを紹介しつつ、吉屋の弁も掲載している（「母性愛とは—あなたがたは誤解している」）。その他、吉屋は『婦人公論』四月号「私はかう考へる」などでも繰り返しこの発言の意図を説明している。

一応この発言の前後には、あくまで「平和を守るため」の軍備であること、「過去の軍隊はたしかに非人間的で、人間性を抹殺したのですし、いろいろひどいことをしました」（「吉田首相を囲んでの午後」）という反省があり、その上で「あの無残な敗戦で、国民に国家と民族を身命かけて守る精神が喪失している、その精神が形の軍備より先決問題だと申しのべた」（「天声人語」に寄す」）のだと説明されている。確かに、ことさら吉屋に子供のないことを取り上げての批判自体は不当であるにしても、問題を過去の軍隊の横暴さとして外在化しつつ、戦時下において国への奉仕を称揚した言辞とほぼ同型の表現を無頓着に使用していることに、自身の過去を顧みる姿勢を窺うことは難しい。

しかしこうした言辞によって吉屋を断罪してしまうのもまた性急であるだろう。たとえば、舌禍事件の後に発表された「嫗の幻想」(『文藝春秋』一九五四年八月)では、日清戦争時において民の安全と引き換えに降伏自決したという提督・汀汝昌の逸話と混同して、「お可哀想に天皇様が自決なさいました」という幻想を語る老婆が登場する。あくまで老いによる妄想と断りながらも、本作には一方に戦後の虚脱感に対して戦中の精神の充実を懐かしむ態度があり、また一方には兵に玉砕を促した軍閥への批判があり、そしてその先には、忠義を尽くした民のために自決などしていない天皇への糾弾にたどり着く、きわどく〈不敬〉な発想がある。本作には、戦中と戦後の大きな転換のあいだで、しかし連続した時間を生きる者の不満と葛藤があらわれている。今日の読者は、単に吉屋個人の戦争協力の責任を追及するだけでなく、また全てを時代の圧力に還元して不問とするのでもなく、その時代の様々な言説の力学のなかで、何が目指され、どのようにして表出されたのかということを、精緻に捉えていかねばならないだろう。

その後の吉屋は、「安宅《あたか》家の人々」(『毎日新聞』一九五一年八月〜翌年二月)や、「鬼火」(『婦人公論』一九五一年二月、第四回女流文学者会賞)などによって改めて評価を高め、また『自伝的女流文壇史』(中央公論社、一九六二)などの回想的エッセイ、「徳川の夫人たち」(『朝日新聞』一九六六年一月〜翌年四月)、『女人平家』(『週刊朝日』一九七〇年七月〜翌年一〇月)などの歴史小説などによって新境地も開いた。作品はドラマ化などされて再び大きな話題となるが、一九七二年に結腸癌がみつかり、翌年七月一一日に死去している。

さらに詳しく知るための参考文献

吉武輝子『女人　吉屋信子』（文藝春秋、一九八二）……吉屋信子の人物像を知る上で欠かすことのできない文献のひとつである。本書では、現在では一般に公開されていない吉屋の日記や手紙などが多く紹介されており（ただしいくつか加筆や修正が加えられていることが後述の田辺に指摘されている）、特に門馬千代など、女性たちとのパートナーシップについて詳しく知ることできる。

田辺聖子『ゆめはるか　吉屋信子』（上・下、朝日新聞社、一九九九）……本書は、吉屋信子の伝記として最も重要なものである。独自の想像や補足などを加えた部分は多く、あくまで田辺聖子の創作として捉える必要はあるものの、貴重な日記・手紙、さらに当時の雑誌記事などの資料が豊富に参照された詳細な伝記である。また吉屋と同じ時代に生きたさまざまな人々についても幅広く活写した稀有な時代史でもある。

北田幸恵「女性解放への夢と陥穽——吉屋信子の報告文学」（岡野幸江他編『女たちの戦争責任』東京堂出版、二〇〇四）……女性作家の戦争協力についてはこれまで多くの研究が重ねられてきているが、吉屋を中心に取り上げたものとしては本論が参考になる。また、アンソロジー『戦時下の女性文学』（ゆまに書房、二〇〇二）では全集未収録の戦時下の諸作が復刻されている。同書の解説なども合わせて参照されたい。

久米依子『「少女小説」の生成——ジェンダー・ポリティクスの世紀』（青弓社、二〇一三）……吉屋信子の文学についての研究としてはまず本書を挙げたい。少女小説というジャンルの生成から現在のライトノベルまでに至る歴史のなかに吉屋を位置づけつつ、その特質が詳細に分析されている。また、本書における吉屋の報告文に関する指摘も示唆に富む。

菅聡子『女が国家を裏切るとき――女学生、一葉、吉屋信子』（岩波書店、二〇一一）……吉屋信子についての言及は部分的ではあるものの、吉屋と女性読者との強い結びつき、その上で文学と戦争の暴力がいかにして交差するのかを指摘して重要である。

竹田志保『吉屋信子研究』（翰林書房、二〇一八）……拙著では、これまで詳細に分析されてこなかった、吉屋の戦前期の長篇小説を取り上げて考察した。吉屋の長篇小説は、時代に迎合した単純で通俗的なパターナリズムと理解されがちであるが、支配的言説を相対化するようなテクストの矛盾やゆらぎを抽出することで、この作家への従来の評価とは異なる側面を捉えようとしたものである。本稿と合わせて参照されたい。

第11講

林　芙美子――大衆の時代の人気作家

川本三郎

†昭和と共に生きた作家

明治三六（一九〇三）年に生まれ、昭和二六（一九五一）年に四七歳で病没した林芙美子は、ほぼ昭和と共に生きた作家だった。

尾道の女学校を卒業し、東京に出て来たのが大正一一（一九二二）年。翌年、関東大震災に遭い、一度、尾道に戻るも、すぐに再上京。震災後の復興する東京のただなかで、さまざまな職業を転々として生きた（この体験が『放浪記』で描かれる）。

昭和五年に改造社から『放浪記』を出版。新人の作品ながら六〇万部を超える大ベストセラーになり、作家として立った。折からモダン都市東京の誕生期で、女性の社会進出が盛んになってきた時代だった。

昭和一二年、日中戦争が勃発すると『毎日新聞』特派員として南京陥落を取材。翌一三年には内閣情報部が編成した「ペン部隊」の一員として再び、中国戦線を取材。「漢口一番乗り」を果たし、世の喝采を浴びた。

当初は、軍に協力していたが、次第に戦時の熱狂に距離を置き、やがて信州に疎開し、ほぼ沈黙した。

戦後は旺盛に執筆活動をはじめ、再び人気作家となったが、あまりの多忙のため、心臓麻痺のため急逝した。

†行商人の子として

簡単に生涯を辿ってみたが、林芙美子は、関東大震災、帝都復興（モダン都市の誕生）、日中戦争、太平洋戦争、そして戦後の混乱期（いわゆる焼跡闇市時代）を体験したことになる。そして大文字で語られる昭和という時代を、つねに社会の底辺にいる庶民の目という小文字によって書き続けた。思想やイデオロギーより、生活の視点こそを重視した。それは作家としての体質のようなものだった。

苦労人である。

実父、宮田麻太郎は北九州に質物を扱う店を何軒か持つ成功した商売人だった。母キクは鹿児島市内の漢方薬局の娘。桜島の古里温泉で働いていた頃、当時、行商をしていた一四歳年下の麻太郎と結ばれ、芙美子が生まれた（戸籍上は明治三六年一二月三一日）。

出生地は芙美子自身は『放浪記』で下関と書いているが、近年、北九州在住の研究者、井上貞邦によって、実は門司であることが明らかにされている。

母キクは宮田家の反対に遭い、正式には入籍していない。明治四三（一九一〇）年、芙美子が七歳の時、キクは、麻太郎が家に芸者を入れたため、芙美子を連れ、家を出た。沢井喜三郎という二〇歳年下の店員が一緒で、彼が芙美子の養父となる。

キクと喜三郎は小さな芙美子を連れ、各地を行商して歩いた。この間の暮らしは、昭和四（一九二九）年に『改造』に発表した「九州炭坑街放浪記」（のち『放浪記』の序章になる）や、昭和六年に同じく『改造』に発表した「風琴《ふうきん》と魚の町」に詳しく描かれている。

林芙美子（1903-1951）

「私は宿命的に放浪者である。私は古里を持たない」「故郷に入れられなかった両親を持つ私は、したがって旅が古里であった」という有名な文章で始まる「九州炭坑街放浪記」は、芙美子が一二歳の頃、行商する父親と共に北九州の炭鉱町、直方《のおがた》の木賃宿で過した日々のことが書かれている。「私」はそれまで、四年間に七度も学校をかわっている。それで直方に来て「お父つぁん、俺アもう、学校さ行きとうなかバイ……」と学校を辞めてしまった。暇になったので自分も行商する。父の仕入れた扇子や化粧品を風呂敷に背負って炭坑の社宅や坑夫小屋に売り歩きにゆく。芙美子は大人になっても身長一四三センチと小柄だった。一二歳の頃といえばもっと低かったろう。そんな小さな女の子が行商をする。普通ならみじめになるところ、芙美子は明るく書く。「そのころの私はとても元気な子供だった」。

貧乏を苦にしていない。学校に通わなくなったことも気にしない。生きるたくましさがある。「風琴と魚の町」では尾道時代の想い出が語られる。ある時、行商人の両親は警察にとがめられる。「私」は心配して警察署に行く。窓によじのぼってなかをのぞく。「鼠より」小さくなった母親の目の前で、父親が巡査に殴られ、侮辱されている。「私」は、それを見て「悲しみがこみあげてきた」。そして「馬鹿たれ！　馬鹿たれ！」と「猿のように」声をあげ、海の方へ闇雲に走ってゆく。

理不尽な目に遭っている両親を見て、「私」が思わず「馬鹿たれ！」と叫ぶ。世の中とたった一人で戦っている子供の悲しみ、怒り、そして元気が伝わってくる。

林芙美子はこの行商人の両親を愛した。住所が定まらない行商の暮らしは安定を欠いたが、他方で、世の常識にとらわれない自由もあった。娘が小学校に行くのを辞めて行商の仕事をしても両親はそれで騒ぎ立てることはない。子供の芙美子は学校教育の外で、素手で社会勉強をしている。早くから自立精神に富んでいる。のち、作家となってから、昭和六（一九三一）年に一人でシベリア鉄道に乗ってパリに行くという思い切った行動を取るのも、芙美子ならではの強い意志ゆえだろう。

尾道では、県立尾道高等女学校に入学、無事卒業している。当時の女学校の進学率は一〇%に満たないなか、これは恵まれている。芙美子の才能を認めた理解のある教師がいたこと、芙美子自身、夜は帆布織物工場で働いたこともさることながら、もしかしたら実父の援助もあったかもしれない。

女学校卒業後、大正一一（一九二二）年に明治大学に進学した恋人を追って上京（この男とは別れることになる）。前述したように、翌年に関東大震災を体験する。

当時、芙美子は本郷区の根津権現の近くに、また両親は新宿の十二社《じゅうにそう》にそれぞれ部屋を借りていた。地震のあと、芙美子は両親のことが心配で根津から新宿まで歩いてゆく。ところが両親のほうも娘が心配で根津を訪ねる。行き違いになった。芙美子は十二社で一泊し、翌日また歩いて根津に戻り、そこで無事、両親と再会した。この一家の固いつながりを感じさせる。芙美子は終生、両親、とりわけ母親を愛し、大事にし続けた。

†震災後を女ひとりで生きる

震災後、東京は急速に復興してゆく。昭和五（一九三〇）年には早くも帝都復興が行なわれ、天皇が震災の被害の大きかった下町を視察した。

林芙美子は、この復興期の東京で、さまざまな底辺の職業を転々としながら生きてゆく。その時代のことを描いた『放浪記』を参考にすれば、子守り、風呂屋の下足番、牛屋《ぎゆうや》のお運び、小さな新聞社の帯封《おびふう》書き、セルロイド工場での人形づくりなど多種多様。多くは賃仕事だろう。現在でいえばフリーターになろうか。

『放浪記』は職業放浪記と呼びたいほど「私」のさまざまな仕事が書き込まれている。無論、日給はわずかなものだが、大正末から昭和初期にかけて、これだけ若い女性が働ける場があるというのは注目していい。明治の樋口一葉の時代には、かたぎの女性の仕事といえば、せいぜい裁縫か「女中」があったくらい。林芙美子が生きた時代には、底辺とはいえ、女性が働く場所は増えている。

震災後の復興景気もあっただろう。贅沢さえ言わなければ、女ひとりが働きながらなんとか生きてゆける。

昭和初期は「ガールの全盛時代」と言われ（丸山三四子《みよこ》『マネキン・ガール――詩人の妻の昭和史』時事通信社、一九八四）、現在のファッション・モデルというべきマネキン・ガールをはじめ、ガソリンスタンドで働くゼンリン・ガール、円タク・ガール、ショップガール、ワンサ・ガール（レヴューのその他大勢の踊子）などが登場した。若い女性の社会進出が始まった。いずれもモダンな新しい職業であり、震災後の、近代的なビルが立ち並び、車が走り、地下鉄が開通してゆくモダン都市東京にふさわしい。

林芙美子のように手に専門の職を持たない女性には「ガール」は遠い存在だった。かわりに受け皿になったのが、震災後、急速に数が増えたカフェーで働く女給。

震災後、生活のさまざまな面で合理化、簡便化が進んだ。旧来のしきたり、習慣が廃されていった。例えば、デパートや飲食店では靴のまま入店できる。行動しやすい洋服が普及してゆく。天丼のような手っ取り早い食べ物が人気になる。生の舞台よりフィルムによる映画が多くの客を集める。

映画と車とレコードに代表されるアメリカ文化が主流になってゆくのもこの時代。男性の遊興の場としては、それまでの格式や伝統が重んじられる花柳界にかわって、古いしきたりにとらわれないカフェーが台頭してくる。花柳界の芸者になるには修業が必要だが、女給は芸を必要としない。玄人《くろうと》の素人《しろうと》化である。事実、『放浪記』の「私」は、昨日までは、かたぎの仕事をしていて、ある日、「女給募集」の張り紙を見て、そのまま女給になる。

†『放浪記』ベストセラーに

『放浪記』は、林芙美子自身を反映した、震災後の変革期の東京をカフェの女給を含め、さまざまな職業を転々としながら生き抜くたくましい女性の青春物語である。当時、芙美子はほとんど無名だったが、昭和五年に改造社から出版されるや、同時代の働く若い女性たちの支持を得たのだろう、六〇万部を超える異例のベストセラーになった。

改造社は、昭和二年から昭和六年にかけて、『現代日本文学全集』全六三巻を一冊一円の低価格で売り出し、大成功を収めた出版社である。それまで本は一部の知的エリートのものだったが、ここで広く大衆のものにもなっていった。教育の水準が上がったこと、さらには働く若い女性が増え、低価格の本が手に入りやすかったことなどがその要因として考えられる。

『放浪記』の成功は、まさに震災後の時代の変化、〝芸者からカフェーの女給へ〟〝エリートから大衆へ〟の時代状況をよくあらわしている。大衆の時代の幕明けである。永井荷風は日記『断腸亭日乗』のなかで、震災後、「大衆」の語をよく目にするようになったと書き記している。昭和四年三月二日。「今の人新聞掲載の通俗小説を呼んで大衆文学となす、大衆の語は荀子《じゅんし》の篇中より取りたるもの歟《か》、数年前大地震の頃には世人猶《なお》大衆の語を用いざりしがこの両三年この語大《おお》いに流行す」。

震災後、「大衆」の語が広く使われるようになったことに荷風は敏感に着目している。『放浪記』は、そうした震災後の大衆の時代に出るべくして出た作品だったといえよう。素人が今日からは玄人になれる。無名の若い女性が一夜にして作家になれる。一種のサクセスストーリーである。

†「女流一番乗り」の従軍作家

『放浪記』で若くして人気作家になった林芙美子は、日中戦争が始まった昭和一二（一九三七）年に、戦争熱に浮かされたような行動に出る。

まず一二月の南京陥落に『毎日新聞』の特派員として随行し「女流一番乗り」を果たし、戦勝気分に酔う世間の喝采を浴びた。さらに翌一三年には内閣情報局が編成した従軍作家組織「ペン部隊」の一員として漢口攻略を取材、ここでも「一番乗り」となり、戦争気分にある世に大歓迎された。

現在の視点から見れば、平たく言って、戦争のお先棒を担いだ。井上ひさしはその林芙美子を主人公にして戯曲『太鼓叩いて笛吹いて』を描いた。まさに、国民を戦争へ駆り立てる役割を果たした。

無論、この点で林芙美子は批判されるべきではあるのだが、一歩、譲って林芙美子の立場に立ってみると、戦場にいる林芙美子と、無名の貧乏時代、東京の雑踏のなかを生きていた林芙美子とを比べると、実は、さほど変わっていないことに気づく。

中国戦線従軍記『北岸部隊』（昭和一四年）にそれはよくあらわれている。林芙美子は決して熱に浮かされて戦争賛美はしていない。確かに、敵にされた中国人に対する思いはないが、他方、戦意昂揚の猛々しい言葉は少ない。同じ時期に従軍した吉屋信子の『戦禍の北支上海を行く』（昭和一二年）が、血なまぐさい軍人讃歌をしているのに比べるとその差がよく分かる。

林芙美子が終始、目をやるのは、泥土のなかを行軍する兵隊たちである。おそらく農村出身である若い兵隊たちが黙々と広大な大地を歩く。林芙美子自身、彼らと行軍を共にしている。兵隊たちが米に塩をかけただけの粗末な食事をしている姿に心動かされる。野戦病院を訪れ、負傷した兵士を見舞う。喉をかわかしている病兵の口もとにサイダーを持ってゆき飲ませる。

林芙美子は戦争の大義などの大文字とは距離を置き、戦場の兵士という小文字の存在こそに着目する。「兵隊さんよ、有難う」の気持を抱き続けている。兵隊だけではなく、軍馬に対しても気にかけている。

従軍記者として南京・光華門の戦跡に立つ（1937年12月）

軍のお偉方ではない。あくまでも兵隊のことを語る。「何時までも何時までも、休戦喇叭が鳴り響くまで、私は兵隊とともにいたい」「この数日間、私は何時も兵隊とともにあったのだ」。

確かに中国の民衆に対する加害者意識は欠いている。そこは責められるべきだろう。しかし、大言壮語せず、兵隊と行動を共にし、彼らの黙々たる労苦を称える。それは、戦意高揚、扇動とは無縁の『放浪記』の作者らしい弱者への共感である。戦場の兵士たちが、子供の話をするときにはみんなしんみりとする。そしてこんなことも言う。「子供の将来の為にも親一代のこの戦争で沢山だ」。よく従軍記のなかで、こんな厭戦的とも取れる言葉を書き留めた。

†困難な時代の中で

林芙美子が昭和一二年と一三年、中国戦線でふたつの「一番乗り」を果たしながら、手放しの戦争賛美に向かっていなかったのは、帰国後の活動を見てゆけば分かる。

その作品には次第にペシミズムの色が濃くなってゆく。例えば、昭和一三年に『朝日新聞』に連載された「波濤《はとう》」は、主人公の若い女性が、中国戦線で戦い、胸に重傷を負い障害者となって帰国した青年と結ばれるまでの物語。戦場で勇ましく戦っている兵隊ではなく傷病兵を描くところに、林芙美子らしい視点の低さが感じられる。

この小説には随所に女性たちの戦争に対する不安が語られている。こんな会話がある。「戦争はもっと続くンですってね」「ひどくなるのでしょうか？」「支那も、長期抗戦なンて云うンだから、やっぱり、当分、続くンでしょうね……」。長引く戦争へ、女性たちは声をひそめるように不安を口にする。

外務省に勤めているという女性は、こんな時局批判までする。「私このごろ、新聞を読んで、日本が勝っていると云っても、妙に不安で仕方がないの……」。あるいは「これからの私達の社会は、どんなに変化してゆくかわからないと思いますの。私は、これから良い方へ変化してゆくとは、当分考えられないと思ふんです」。

昭和一三年の新聞掲載小説でよく思い切ってこれだけのことが書けた。林芙美子は、プロレタリア作家たちに距離を取ったが、他方、昭和八年に、共産党へ寄附をした疑いで中野警察署に九日間留置されたことがある。

時代が窮屈になってきていることは身をもって感じていただろう。太平洋戦争がはじまる昭和一六（一九四一）年には『放浪記』をはじめ『泣虫小僧』『女優記』が発売禁止になる。いずれも戦意昂揚とは無縁とされたため。

そうした窮屈な時代にあっても林芙美子は軍国主義におもねる作品は書いていない。むしろ困難な時代状況のなかで、なんとか生きてゆこうとする底辺の人々に目をやる。

昭和一五年に発表された『魚介《ぎよかい》』は、伊豆の天城山中の温泉場で芸者二人を使って小料理屋を開いている女性が、近衛内閣の新体制によって水商売がやりにくくなり、仕方なく満洲へと渡ってゆく物語で、最後、彼女が行きつく満洲は五族協和、王道楽土と謳われた明るい新天地ではなく、荒涼とした平原、三等車に乗り込んでゆく満人、淋しい小駅にあらわされる暗い満洲である。よく検閲に引っかからなかったと思うほど。

そうした小説も次第に書けなくなってゆく。戦局が厳しくなった昭和一九（一九四四）年には信州に疎開、そこで終戦を迎えた。この間、約二年、芙美子はほとんど小説を書いていない。二年間の沈黙に、林芙美子のかろうじての抵抗精神を見ることができるのではないだろうか。

†「明るい戦後」の裏通りを描く

戦後、林芙美子は旺盛な執筆活動を開始する。振り返ってみれば、戦後の作品に秀作が多い。「河沙魚《かわはぜ》」（昭和二二年）「晩菊」（二三年）「骨」「水仙」「下町《ダウン・タウン》」（二四年）、長篇の「浮雲」（二六年）、そして急逝のため未完に終った「めし」（二六年）。

そしてこれらの小説の特色は、戦争によって傷ついた人々を主人公にしていることにある。戦後は一方で、新憲法が制定され、民主主義が謳われた明るい時代だったが、他方、敗戦による悲しみが消えない暗い時代でもあった。「負け戦さ」を生きなければならない不幸な人々にこそ林芙美子は心を寄せた。そこに『放浪記』の作家の真骨頂があった。世の底辺にいる庶民、片隅にいる忘れられた人々を描く。その点で、林芙美子は戦前も戦後も一貫している。戦争従軍記で行軍する兵隊と共にありたいと願った点で、戦時中すらも一貫している。

戦後の林芙美子が描き続けたのは、「暗い戦後」を生きた下積みの人々である。「明るい戦後」にあって暗がりのなかを生きなければならない敗れた人々である。

復員兵、戦争未亡人、引揚者、傷病兵……。「明るい戦後」の表通りからは見えにくい裏通りにいる人間こそを林芙美子は取り上げる。例えば、「夜の蝙蝠傘」の中国戦線で負傷し、右脚を切断した帰還兵。国に帰ってきたものの、「明るい戦後」にはもう彼の居場所はない。「下町」の主人公はシベリアに抑留された夫を待つ女性で、茶の行商をしながらなんとか女手ひとつで子供を育てている。「骨」の主人公は、夫を沖縄戦で亡くした戦争未亡人で、老いた父と病気の弟を抱え、やむなく新宿の裏町で身体を売る。相手の男が復員兵であるのが悲しい。

三島由紀夫が評価したので知られる「河沙魚」では、夫を兵隊にとられた農家の嫁が、夫の不在中、義父に犯され、そのことを悔い、夫が復員してくるのを知って、川に入って自殺しようとする。

長篇の『浮雲』にしても、単なる恋愛（不倫）の男女の物語というより、戦時中に異国で愛し合い、戦後、共に日本に戻ってきたもののついに行き場がなくなるひかげの男女の悲しい物語である。

林芙美子は戦後、彼ら「明るい戦後」に居場所のない人々を描き続けた。焼跡と闇市に象徴される戦後の混乱期に殉じた作家といっていいだろう。昭和二六（一九五一）年の六月に急逝したが、この年の九月には対日講和条約が調印され、占領時代は終わることになる。

さらに詳しく知るための参考文献

今川英子監修『放浪記アルバム』（芳賀書店、一九九六）……今川英子氏は林芙美子研究の第一人者。ムック形式だが、その生涯、作品についてよくまとめている。中村光夫、平林たい子ら同時代の文学者の林芙美子論も付されている。写真も豊富。

森英一『林芙美子の形成——その生と表現』（有精堂、一九九二）……まだ林芙美子が現在のように多く論じられていなかった時代に出版された本格的作家論。読みごたえがある。

太田治子『石の花——林芙美子の真実』（筑摩書房、二〇〇八）……女性作家による、愛情のこもった林芙美子論。困難な時代を筆一本で生きた芙美子の戦う姿を浮き上がらせる。

川本三郎『林芙美子の昭和』（新書館、二〇〇三）……ほぼ昭和と共に生きた林芙美子を、昭和史のなかに位置づける。

第12講

藤田嗣治——早すぎた「越境」者の光と影

林 洋子

明治半ばの東京に生まれ、八〇年を超える人生の半分をフランスで過ごし、最終的にフランス国籍を取り、カトリック教徒となって、現地の土に還ることを選んだ画家・藤田《ふじた》嗣治《つぐはる》(一八八六〜一九六八)。一九一三(大正二)年に渡仏、第一次世界大戦前後から二〇年代を通して欧州で過ごし、はじめての一時帰国は一九二九(昭和四)年秋。すでに昭和を迎えていた。つまり、藤田はほぼ大正という時代も、関東大震災も直接に知ることがなかったのである。その後、約二年の中南米滞在を経て、一九三三年晩秋に東京に戻り、すでに満州事変が勃発して「十五年戦争」期に入った母国で「藤田の日本」が再開する。

この画家にとって、二〇年余を過ごした「明治」は幼少期・学生時代を過ごした無名の時間とすると、「大正」は渡仏と第一次世界大戦経験、そして二〇年代を迎えてのパリでの成功の時代、続く「昭和」は「パリで成功した画家」、「戦争画を担った画家」との看板を背負った複雑な時間だった。本稿では、この「昭和の藤田」という視点で見直してみたい。

†森鷗外とのつながり――陸軍軍医ファミリーという出自

一九〇九（明治四二）年四月一日の「鷗外日記」に「藤田嗣章其子嗣治を伴ひ来て面会せしむ。美術学校にありて画を学ぶ。現に黒田清輝の教室にありと云ふ」とある。この時、鷗外は陸軍軍医総監の地位にあり、文展（文部省展覧会）西洋画部門の審査員でもあった。一八八六（明治一九）年秋生まれの嗣治は二二歳で、上野の東京美術学校西洋画科の卒業を翌年に控えていた。父・嗣章《つぐあきら》（一八五四〜一九四一）は陸軍軍医監で韓国駐箚《ちゅうさつ》軍軍医部長の任にあって京城在住のところ、部長会議出席のため東京に戻っていたのである。もともと嗣章は画家志望の次男の進路を鷗外に相談しており、その勧めで美術学校に進んだ嗣治を見せに行ったのだろう。

そこから約三〇年後、日中戦争勃発後、海軍省嘱託として戦線取材に出た嗣治は、滞在記「聖戦従軍三十三日」（『文藝春秋』一九三八年一二月、時局増刊15）に、「私の義兄の中将」、「八十五歳になる父の中将」とさりげなく書いている。義兄とは次姉やす（康）が嫁いだ「中村緑野」（一八六八〜?）、父は「藤田嗣章」。ともに陸軍軍医総監（中将に相当）まで登りつめていた。嗣章は鷗外の後任として一九一二年九月から一四年八月まで、中村は一九二五年五月から二七年までの在任。画家・藤田嗣治の周辺に陸軍／軍医というバックグラウンドがあることは、同時代には今日よりずっと周囲に認知されていたはずだ。

長姉・きく（喜久）も軍医で早期退役後に開業する蘆原信之と結婚し、その子に舞踊研究家の蘆原英了（敏信）、建築家の芦原義信らが出る。一歳年長の兄・嗣雄（一八八五〜一九六六）もまた、一時期、文官ながら陸軍に奉職していた（軍制史研究者、のち上智大学教授）。妻は元・陸軍参謀総長・児玉源太郎の三女。腹違いの妹・廣子（ひろ）も軍医・田原鎮雄と結婚。つまり、二人の息子には研究者と芸術家という進路を許し、三人の娘を同業に嫁がせ、うちひとりが軍医総監になった点では、嗣章は人の才能を見抜く力に長けていたというべきだろう。

あらためて家系図を見直すと、駿州田中藩（のち転封して房州長尾藩）の本多家の用人の家系にあった藤田家に対して、母・政《まさ》の家族こそ陸軍色が濃厚である。その父・小栗信は陸軍省御用掛で、四人の娘全員を陸軍軍医に嫁がせている。次女が嗣治の母で、長女は軍医・小山内建《おさないたけし》に嫁して、薫と八千代の母となる。薫だけでなく、八千代（画家・岡田三郎助と結婚）も劇作家として知られた。この一族では、「坂の上の雲世代」は軍医として日清・日露役に貢献し、次代は大正期以降、芸術分野での活躍に広がっている。一九一〇年代、パリに送金を続けてくれた「家長」たる嗣章への嗣治の敬愛は深く、軍務により「台湾に朝鮮に二十年近く住」んだ父という手本があって、「私は又父に似て巴里其他諸外国に二十余年の外国生活」に自然に溶け込むことができたとしている

藤田嗣治（1886-1968）

（藤田嗣治「私の父と私」『陸軍軍医中将　藤田嗣章』一九四三）。

†「昭和」と藤田

一九二六年一二月二五日に大正から昭和に改元された時点で、パリに暮らす藤田は満四〇歳を迎えていた。一九一三年夏に二六歳で渡仏して一三年強、そして八一歳まで生きることを考えると、まさに人生の折り返し地点にあった。一九一〇年代が第一次世界大戦もあって雌伏の時間だったが、講和条約が結ばれた一九一九年以降、彼の快進撃が始まる。表看板となる「乳白色の下地」の技法を確立し、サロン・ドートンヌをはじめとするパリの諸サロンへの入選、パリやブリュッセルでの個展が続く。代表作となる《ジュイ布のある裸婦》（一九二二）、《五人の裸婦》（一九二三）、《舞踏会の前》（一九二五）を立て続けにサロンに発表し、一九二五年にはフランス政府からレジオン・ドヌール勲章（シュヴァリエ章）、ベルギー政府からレオポルド一世勲章（シュヴァリエ章）を受章している。翌年にフランス政府が作品を買い上げるなど、三〇歳代後半で現地での評価を確たるものとした。

短期間に登り坂を駆け上ったが、昭和を迎える頃から、藤田の人生の「午後」の陰りが始まった印象を持つ。一九二七年以降は発表の中心を個展と注文制作に移し、サロンから離れる。渡仏後、ほぼ途絶えていた母国の美術界との関係が再開するのが、一九二九（昭和四）年である。この年、一六年ぶりに帰国する背景には、想定外の多額の負債が生じたことがあった。二〇年代後半の制作の微妙な揺らぎ――濫作傾向はさておき、作品がよく売れていたのは事実で、パリの税務当局が多額の税金を請求してきたのである。

かくして金策と父の喜寿の祝いを目的に、同年九月、フランス人妻ユキ（リュシー）を連れて神戸港に到着した。油絵の本場パリで成功した日本人画家の凱旋として大きな評判となり、講演や原稿の依頼が続き、母国での初個展（東京・朝日新聞社、日本橋・三越）は興行的にも大きな成功を収める。第一〇回帝展に《自画像》（一九二九）【図1】を出品。さらに、パリの名所や風俗案内、画家の成功譚、写真を満載したエッセイ集『巴里の横顔』は、短期間に版を重ね、美術界に限らず、広く日本に「パリの藤田」というイメージの定着に決定的な役割を果たすことになる。そして、翌年初に「むこう」＝フランスの土になると宣言して、アメリカ経由でパリに戻っていく。

ところが、一九二九年一〇月のニューヨー

図1　《自画像》（1929年、61×50.2 cm、東京国立近代美術館蔵〔中村緑野・旧蔵〕）

クに端を発した経済恐慌の影響は翌年、欧州へと波及し、パリの美術市場も低迷する。藤田は再び経済的な苦境に直面し、二〇年代に獲得した豪奢な生活——一軒家や自動車、そしてユキというパートナーを手放す。そして、一九三一年秋に新しい恋人マドレーヌ・ルクーを連れて中南米へと旅立った。行先も日程もあらかじめ定めない旅で、現地で制作し、展覧会を開き、即売している。滞在はブラジル、アルゼンチン、ボリビア、ペルー、キューバ、メキシコと約二年にも及んだ。三〇年代の中米、とくにメキシコはヨーロッパからシュルレアリストや共産主義者が訪れるなど、文化的に大いに活況を呈しており、藤田の中南米行きもフランスの美術家としての展開ながら、結果的に現地で数を増していた日系移民に思いがけず出会う。東京っ子であった彼は、中南米の地で沖縄等からの入植者に出会い、自分が知らなった日本の多様な文化に気づく機会になったのである。

†日中戦争前後の日本で

一九三三（昭和八）年一一月、藤田はアメリカ西海岸から太平洋航路をとって、マドレーヌを連れて日本に向かう。帰国当初は、数年の滞在で周辺のアジア諸国を旅行してからパリに戻るとしていたが、翌年春には二科会の会員となり、アトリエを新築するなどして、周囲を驚かせた。字義通りの意味での「昭和の藤田」は戦争をはさみ、一九四九年まで約一五年も続くことになる。

定住後の藤田は、ほぼ二〇年ぶりの母国での生活と日本人という新しい受容層を前にして、画風の振幅が大きい。制作上は喫茶室や百貨店の装飾画を中心に、フランスやメキシコ経験を生かした注文画をこなす一方で、二科展などへの出品作には外国人のまなざしで見つめたような、エキゾチズム感あふれる日本の農村や田舎、大陸風景を発表した（《北京の力士》一九三五、《客人（糸満）》一九三八ほか）。こうした制作では二〇年代のような白い下地を用いず、輪郭線に頼らない濃厚な色彩を使った対象描写と群像表現を特徴とした。私生活では一九三六年にマドレーヌが急逝し、翌年夏に麴町に数寄屋風の新居を持って堀内君代を迎えるなど、日本への再同化を進める。

まさにこの時期、一九三七年七月に日中戦争が勃発する。これ以後、陸海軍は作戦を記録する公式の「作戦記録画」を有力な画家たちに注文することになる。翌年一〇月、藤田は海軍嘱託となって、漢口攻撃に同行してはじめての戦線取材を経験したが、戦地から戻った彼は翌年春、君代を連れてパリに旅立つ。戦争が始まる前にもう一度欧州を見たいという気持ちだったのか。しかし、その年九月に第二次世界大戦が勃発し、夫妻はナチスのパリ接近に追われるように一年弱でパリを離れ、一九四〇年初夏、紀元二千六百年奉祝事業に沸く東京に帰り着く。その間、日本軍はノモンハンでのソ連軍との軍事衝突を経験していた。

図２　《哈爾哈河畔之戦闘》（1941 年、140×448 cm、東京国立近代美術館蔵）

最初の転機は、ノモンハン事件の責任を取るかたちで退役した元・陸軍中将、荻洲立兵《おぎすりゅうへい》からの同戦闘の記録画依頼である。荻洲は退役時の下賜金を充てたという。藤田はパリから戻って直後、約一ヵ月にわたり中ソ国境地帯を視察し、国内では陸軍で武器や軍装を細かく取材する機会を得ている。翌四一年六月一六日『報知新聞』に写真「ノモンハンの戦闘図を下検分する、退役して背広姿の荻洲・元陸軍中将と、説明する藤田」が掲載されているが、荻洲は注文主としてかなり具体的に注文と確認を重ね、そのための便宜を陸軍に図らせた。《哈爾哈《ハルハ》河畔之戦闘》【図2】と題して完成した大作は、一九四一年七月の第二回聖戦美術展に出品される。のちにノモンハン役の戦没者が靖国に合祀の際に陸軍に献納され、正式な「陸軍作戦記録画」となった。

　精緻な風景、人物表現を兼ね備えたこの制作を通じて、藤田は作戦記録画の制作に確信を持ったと思われる。渡仏前に漢口で取材した《南昌飛行場の焼打》等をようやくこの年春に完成していたが、淡泊な画風で、兵士や機材の名称を直接文字で画面に書き込むなど説明的だったのと対照的である。

あらためて、一九四一年に五〇歳代半ばを迎えていた藤田には公私とも禍福が入り混じった。一月に父・嗣章が没、七月には帝国芸術院会員に迎えられる。一〇月には日本軍の北部仏印進駐を受け、帝国芸術院と国際文化振興会から文化使節として仏領インドシナに派遣される。

「仏印巡回日本画展覧会」に随行した彼は、一二月八日の日米開戦を仏印で迎えたのである。

†太平洋戦争に直面する

日米開戦後、藤田に限らず、多くの画家たちは陸海軍から南方取材に派遣され、次々と「戦勝画」を描く。一九四二年一二月の、開戦一周年を記念した大展覧会「第一回大東亜戦争美術展」に藤田は《十二月八日の真珠湾》、《シンガポール最後の日（ブキ・テマ高地）》などを出品。一連の制作によって、昭和一七年度の朝日文化賞（朝日新聞社主催）を翌年一月に受ける。戦況

図３　《アッツ島玉砕》（1943年、193.5×259.5 cm、東京国立近代美術館蔵）

はすでに前年半ばのミッドウェイ海戦により暗転していたが、緒戦の勝利を寿ぐべく絵筆を握った藤田は冷静である。作品自体も、戦場、戦跡を描きつつ、彼の関心ははじめて本格的に取り組んだ南方特有の湿気の多い風土に向かい、風景画としてのアカデミックな完成度が高い。

第二の転機は、一九四三年五月末のアッツ島守備隊の全滅である。太平洋の北方の島での日米の大規模な戦闘の果て、日本軍最初の全滅を迎え、翌日の大本営発表で「玉砕」と表現された。藤田は自主的にこの惨劇を短期間で《アッツ島玉砕》【図3】として描き上げ、陸軍に献納手続きする。玉砕戦の現地情報は限られ、古今の戦争画の歴史図像に想像力を動員した、熱っぽい絵画である。

持ち込まれた作品の公開に、献納を受けた陸軍側も当初、戦意高揚につながるものか懐疑的だったといわれる。どうあれ、九月の国民総力決戦美術展に並んだ際、当時の国民の心理状態に見事に合致し、この絵が各地を巡回すると、手を合わせて拝み、賽銭まで投げる観客がいたという。この絵は期せずして、敗退を続ける日本軍の供養塔の役割を担い、かつほかの中堅作家への影響も大きかった。「作戦記録画」のありようを、軍部のための「記録」から国民の「記憶」へとかえた一点といっていいだろう。

こののち、藤田は《血戦ガダルカナル》(一九四四)や《薫空挺隊敵陣に強行着陸奮戦す》(一九四五)ほか、いくつもの「玉砕図」を描き、一九四五年春には前年七月のサイパン島での悲劇を描いた《サイパン島同胞臣節を全うす》にまで至る。絵画制作と並行して、この時期の藤田は新聞や雑誌に相当数の寄稿を重ねている。今日ではむしろ厭戦的に見える一連の玉砕表象とは対照的に、テキスト類はむしろ戦意高揚的《プロパガンダ》と映る。

「私の四十余年の画の修業が今年になつて何の為めにやつて居たかが明白に判つた様な気がした」、「今日腕を奮つて後世に残す可き記録画の御用をつとめ得る事の出来た光栄をつくづくと有り難く感ずるのである。右の腕はお国に捧げた気持で居る」(藤田「戦争画に就いて」『新美術』一九四三年二月号)

「私はもうこうなって今更足を洗ふ訳にも行きません。先頭に立って若い者を引っぱらねばならぬ事になりました。誰かいないと、やっぱり若い人もついて来ません。私は喜んで、部隊長でやりましょう」（画家・木村荘八への私信、一九四三年八月一九日付）

おりしも、一九四三年二月の画家・藤島武二の死を受けて、藤田が「陸軍美術協会」（一九三九年四月発足、会長は陸軍大将・松井石根《いわね》）の副会長を担うことになった、高揚した心境の反映とも読める。彼が作戦記録画の制作の中心人物、旗振り役を担ったことは衆目の一致するところだが、相当数描いた記録画の中で、彼があえて大将など有力軍人を描いていないことには注目すべきである。藤田は、フランスのナポレオン時代の、ダヴィッドやグロらによる歴史画の構造を手本としながらも、ナポレオン的な、象徴的な存在＝ヒーローに頼ることなく大画面を構成した点を強調しておきたい。晩年、ある研究者にあてた手紙でも、「無名の兵士」を描いたとしている。

†終戦後の二〇年――母国から離れて

終戦の日を疎開先の神奈川県小淵村藤野《おぶちむら》で迎えた藤田は、手元にあった戦争関連の資料類を焼却したと言われる。そして、翌年二月には都内に戻り、制作に復していく。一方で、連合国総司令部（ＧＨＱ）の委嘱を受け、国内や朝鮮半島に散らばっていた、自作を含む戦争関連の美術作品の収集に協力することになる。こうした動きと並行して、美術界やジャーナリズムが画壇の戦犯問題を議論し始める。藤田は朝日新聞に「画家の良心」（一九四五年一〇月二五日）を寄稿し、戦時下、国家に協力するのが画家でも何でも国民の務めだったとの弁明に終始した。翌四六年四月にあらたに結成された「日本美術会」が「戦争責任を負ふべき者」のリストを同年七月に公表し、「自粛を求める者」として藤田や横山大観ら計八名を挙げる。翌年二月にGHQが発表した戦争犯罪者リストに美術家の名前は含まれなかったが、ひとびとの、そして藤田本人の心のわだかまりが消えることはない。

関係者をより感情的にしたのは、藤田の戦中の制作と著作による協力、陸軍美術協会副会長の肩書よりも、終戦後のGHQへの協力こそが「美術家の節操」のなさと映ってのことだろう。客観的に見れば、当時の日本国内で、国際的な知名度を持った美術家は藤田ひとりであり、それゆえ早々に進駐軍関係者が接触したのも自然なことではあった。藤田はこの作品収集の途上で、一部の自作についてサインの書き換えを行っている。漢字と紀元暦によるサインを消してローマ字や西暦にしたのは、将来、海外での公開を想定していたのである。

そうした中、藤田は水面下で日本を離れる準備を進めていた。遅くとも一九四六年春には駐日フランス領事館に入国査証を申請するが、占領中の日本《オキュパイド・ジャパン》からの海外渡航は限られ、進駐軍関係者や海外の知人とも交渉を重ね、フランスにこだわらず、アメリカのヴィザの取得も試みる。

そして終戦から三年半を過ぎた一九四九（昭和二四）年三月一〇日、藤田の日本での暮らしは終わりを迎える。事実上、母国との永久の別れとなる。ひとまずアメリカから入国ヴィザを得て、ニューヨークでの約一〇か月の滞在を経て、翌五〇年二月にパリに帰還し、モンパルナスに居を定める。だが、戦中の彼のふるまいを責めたのは日本だけではなかった。ニューヨークでは戦中を「収容所《キャンプ》」の内外で過ごした国吉康雄ら日系美術家たちからの冷ややかな視線が集まり、パリでも戦中に対独協力《コラボ》した文化人たちへの追及が続いていた。藤田には、すでに触れた一九四一年の仏印滞在の是非を問う声があがった。確かに、ペタン政権となって事実上、空白地帯になっていた仏領インドシナに進駐した日本軍に協力した文化人とみられても不思議ではない。どうあれ、藤田は母国に戻る選択肢はもはやなく、フランス法に則り五年の定住歴を待って、君代とともにフランス国籍を申請。一九五五年二月に受理される。続いて、五九年秋には北フランスのランスにある大聖堂で洗礼を受ける。洗礼名「レオナール」(敬愛するレオナルド・ダ・ヴィンチにちなむ)をその後、名乗り、画作にもそうサインするようになった。そして、一九六一年秋、七〇歳代半ばとなった藤田は、まるで隠棲するかのように、パリ郊外の小村ヴィリエ゠ル゠バクルに転居する。一九六八年一月二九日没、享年八一歳。ランス大聖堂で葬儀が行われ、生前自らの設計でこの街に建立していた礼拝堂に葬られる。その死後、日本政府は勲一等瑞宝章を贈った。

晩年の約二〇年、ニューヨークを経てパリ、そしてパリ郊外での時間は果たして西暦だったのか、昭和だったのか。画家が残した日記や手紙を見る限り、表向き西暦で統一されているが、日本人カップルの異邦での晩年は食生活等、生活文化の意味で、日本化を深めていたことは明らかである。

一方、藤田が渾身で描いた作戦記録画は、彼が亡くなった段階ではアメリカにあった。藤田らが関わって終戦後集められた、八〇人弱の作家による一五〇点に近い作品は、一九五一年にアメリカに輸送されたのである。日本に「無期限貸与」の名目で戻され、東京国立近代美術館に収蔵されたのは一九七〇年。修復など経て公開が徐々に始まるものの、藤田の回顧展に並んだのは二〇〇六年にすぎない。二〇一八年、没後五〇年記念の回顧展が東京と京都で開催され、それを再編したかたちでパリの日本文化会館で一九年に開かれた。二点の作戦記録画が初めて海外で作品として公開される機会となり、大きな反響を呼んだ。戦後直後にサインをアルファベットに自ら書き直し、いつか海外で作品として公開されることを願った画家の思いは、ここにようやく実現したのである。

†昭和文化史上で果たした役割

藤田が昭和文化史上で果たした役割といえば、まず、美術界外へのネットワークのハブであったことが挙げられる。本書では谷崎潤一郎、山田耕筰と同年齢だが、幼少期に日清・日露役を体験し、五〇歳代の責任世代で太平洋戦争期を迎えた彼らの直接的な交流のあとは見られない。一方、吉屋信子、林芙美子、菊池寛、西條八十らとの接点は、二〇年代のパリに始まっていた。彼らの多くが、大正半ばから昭和初期にかけての「洋行文士」であった。その縁もあって、昭和の帝都に戻った藤田は、美術に限らない、欧米や中南米といった多文化に通じた「文化人」として、『文藝春秋』や『改造』などの総合雑誌に挿絵や寄稿、座談会への参加を求められるようになる。そのクライマックスは、すでに触れた一九三八年秋の日中戦争、漢口攻略作戦取材で、美術家以外にも「新聞班や映画班や文芸家や何にやかやで百名近くも」待機中だったという。いわゆる「ペン部隊」に菊池寛、吉屋信子、吉川英治、佐藤春夫、久米正雄、岸田國士、西條八十、林芙美子らがいた。彼らから口々に文学での戦争の作品化の困難さを説かれ、「何んと言つても直ぐ見て分るのは画だから」といわれてしまう。

こうした、戦中の日本で藤田がかかわりを持った文士たちには、二〇年代の洋行経験に限らない、共通性を見出しうる。多くが彼と同世代の一八八〇年代から九〇年代の生まれで、昭和前期までに大衆に迎えられる仕事を残し、戦中、相応の社会的責任のある立場にあった層である。しかも、造本にこだわりを持ち、藤田による装幀本もある。大半が大日本文学報国会に関わり、戦後、戦争責任を問われるのは、美術界での藤田と照応するもので、この世代が背負った宿命ともいえよう。

ちなみに、詩人で彫刻家の高村光太郎と藤田の接点も気になるが、現時点ではは っきりしない。高村は東京美術学校で彫刻科を卒業後、西洋画科に短期間、再入学した際、藤田と同級になったはずである。同世代で、美校、滞欧体験と共通し、同じ東京で戦中を生きた両者が互いをどう認識していたのか。戦後、高村が七年間の「隠棲」を自主的に課した一方、藤田は海外へ退場し、国籍までかえて、多くを語らず、「みそぎ」を受けることなく亡くなり、宙吊りになってきたのだ。

あらためて、藤田の晩年の国籍変更は、重い、暗い判断である。近代以降の日本人で国際的に活動、生活した例は多くとも、国籍変更までした例は限られよう。両大戦間のパリの美術家では、藤田の周辺に限ってもシャガール、パスキンなど国籍変更はしばしば見られ、とくにユダヤ系の作家に顕著であった。他方、アメリカに移民した日系作家の場合、長らく一世は国籍取得ができなかったが、一九五二年に移民法が改正され、国吉康雄が手続きが間に合わず日本国籍のまま亡くなり、藤田の離日を助けたヘンリー杉本はアメリカ国籍を得ている。二重国籍を排除する日本の制度に従い、藤田はフランス国籍取得後に日本国籍を放棄しているが、永住を決めて実利的な市民権を得たとしても、彼の帰属意識、アイデンティティが最期まで母国・日本に向かい続けたことも否めない。

二〇世紀前半にあって、誰よりも早く国際性、多文化性を持ち合わせた「越境」者がゆえの、光と影を一身に背負ったのが藤田なのかもしれない。没後半世紀、本書がようやく、美術という分野を超えた、「昭和の文化」のなかでの相対的な位置づけの契機になることを願う。没後五〇年を記念した国内外での展覧会や出版を経て、生前の本人が願ったように、この画家には日本やフランスという枠組みを超えて注目が集まってきている。日本に限らず、アジア系、非西欧系の美術家、表現者の国際的な活躍のパイオニアとして、広く展覧、研究されていくことを期待するものである。

さらに詳しく知るための参考文献

展覧会カタログ『没後五十年　藤田嗣治展』（朝日新聞社ほか、二〇一八）……二〇一八年に東京都美術館と京都国立近代美術館で開かれた回顧展のカタログ。

林洋子監修『もっと知りたい　藤田嗣治――作品と生涯』（東京美術、二〇一三）……藤田の全画業を概観したコンパクトな作品集。

『巴里の横顔』（実業之日本社、一九二九）／『腕《ブラ》一本』（東邦美術協会、一九三六）／『随筆集　地を泳ぐ』（書物展望社、一九四二／復刻版、平凡社ライブラリー、二〇一四）……藤田が生前に刊行したエッセイ集三冊。

林洋子編『藤田嗣治　戦時下に書く――新聞・雑誌寄稿集　一九三五～一九五六年』（ミネルヴァ書房、二〇一八）……藤田が太平洋戦争前後に新聞や雑誌に寄稿した文章のうち、右記の三エッセイ集に所収されたものを除き、主要なものを復刻。

林洋子監修、加藤時男・校訂『藤田嗣治　妻とみへの手紙　一九一三―一九一六』上下巻（人文書院、二〇一六）……最初の妻とみ宛てに藤田がパリから送った手紙の復刻。下巻に奈良岡聰智「第一次世界大戦の目撃者としての藤田」、原靖夫「画伯の兄　嗣雄と藤田家」を所収。

青木袈裟美編『陸軍軍医中将　藤田嗣章』（陸軍省医務局内陸軍軍医団、一九四三）……嗣章没後に刊行された回想録、関係者の寄稿集。嗣治も「私の父と私」を寄せる。

林洋子『藤田嗣治　作品をひらく――旅・手仕事・日本』（名古屋大学出版会、二〇〇八）／林洋子『藤田嗣治　本のしごと』（集英社新書ビジュアル版、二〇一一）……本章執筆者による研究書。

針生一郎ほか編『戦争と美術　一九三七―一九四五』（国書刊行会、二〇〇七）……日中戦争から太平洋戦争下の美術に関する基本的な作品、資料を掲載。

E・クロッペンシュタイン、鈴木貞美編『日本文化の連続性と非連続性　一九二〇年―一九七〇年』（勉誠出版、二〇〇五）……国際日本文化研究センターでの共同研究会の成果報告書。林洋子「藤田嗣治の画業にみる「連続」と「非連続」」所収。

第13講

田河水泡――「笑い」を追求した漫画家

萩原由加里

†田河水泡とは

田河水泡《たがわすいほう》といえば、代表作「のらくろ」のインパクトから、漫画家という側面ばかりがクローズアップされがちであるが、若き日は前衛芸術家として創作活動にのめり込み、また新作落語も手掛けている。

さらに「落語」や「漫画」という笑いを題材とした娯楽の世界とのつながりから、「滑稽」という概念に関心を持つようになり、『滑稽の構造』と『滑稽の研究』という著書まで残している多芸な人物でもある。

田河水泡という一見奇妙なペンネームは、本名・高見澤仲太郎《たかみざわなかたろう》の一部をもじったものである。本名の高見澤をローマ字でTAKAMIZ・AWAと書き、これを本人は「タカミズ・アワ」と読ませようとしたが、皆が「タガワ・スイホウ」と読むので、これがペンネームとして定着してしまった（『追悼　田河水泡展図録』三頁）。

さて、漫画家・田河水泡の代表作が「のらくろ」シリーズである。五〇年近くにもわたって断続的に連載が続いた本作は、主人公・野良《のら》犬黒吉《いぬくろきち》、通称・のらくろが猛犬連隊にはいり、軍隊の中で出世していくサクセス・ストーリーで、一九三〇年代に一世を風靡した少年漫画である。戦中に一時期、中断するが、戦後もファンからの要望にこたえる形で復活し、新しい時代に順応しながら連載は続けられていく。この主人公のらくろは、田河水泡自身の生い立ちを反映したものでもある。のらくろの本名が「野良犬」とあるように、孤児という設定である。これは作者である田河水泡の分身に他ならない。

田河水泡（1899-1989）『のらくろ一代記——田河水泡自叙伝』巻頭写真

田河水泡こと高見澤仲太郎は一八九九（明治三二）年二月一〇日に、父・高見澤孝次郎と、母・わきの長男として当時の東京市本所区（現在の墨田区）に生まれた。生家はメリヤスの家内工業を営んでいた。

しかし、翌年の一九〇〇年に、母が死去してしまう。そして、母の死から間を置くことなく、一九〇一年に父は再婚してしまい、仲太郎は父方の伯母夫婦に預けられることになった。事実上の厄介払いであった。

この生い立ちが、田河水泡の代表作「のらくろ」にも色濃く反映されている。だが、伯母夫婦のもとでの生活は、決して悪いものではなかった。むしろ、幼い仲太郎が美術の世界に接点を持つきっかけとなっていく。

もともと伯母夫婦には子供がなく、しかも隠居の身で店子《たなこ》（借家人）を多く持つ大家《おおや》の身であった。おかげで幼少期は経済的には困ることなく生活することができた。

そして何より重要なのが、先述の通り、美術との接点である。伯父は多趣味な人物で、その一つとして南画を嗜んでいた。展覧会にも出品し、座敷に絵を広げては山水や渓谷、花卉などを描いていた。幼き日の仲太郎は、伯父の真似をして、その横で絵を描いていた。これが仲太郎と絵画の最初の出会いであった。この伯父も仲太郎が幼い頃にこの世を去ってしまうが、後に漫画家「田河水泡」を生み出す大きな要因となったことは間違いない。

†軍隊生活から芸術家の道へ

伯母夫婦の下での幸せな少年時代も、小学校卒業と共に終わりを迎えることになる。実父の指示で、家業を継ぐため、親戚の店に奉公に出される。しかし、一八歳の時に実父が死去すると、早々に店を辞めてしまう。

元々、伯母夫婦の家には、従兄の高見澤遠治《えんじ》が度々遊びに来ていた。遠治は洋画を描いており、画材一式を抱えて遊びに来た。子供の頃の仲太郎は、この従兄の活動に興味を持っていた。成長すると、仲太郎は遠治の家に出入りするようになる。ちょうどこの時期、遠治は複製版画の仕事をはじめたので、仲太郎はそれを手伝ったり、絵画に関する書物を読んだりして過ごした。その様子を見た遠治は、油絵の道具一式を仲太郎に買ってやり、彼が絵を描きだすきっかけを生み出すことになる（『滑稽とペーソス　田河水泡〝のらくろ〟一代記 展』）。

この時にもらった油絵の道具一式は、後に徴兵されて、辛い軍隊生活を送る仲太郎にとって、空き時間にスケッチをして気分転換をする心の支えとなっていく。

そして一九一九（大正八）年、二〇歳を迎えた仲太郎を徴兵検査が待ち構えていた。体が細いから徴兵を免れるだろうという本人の予想に反して、軍医に「胸囲、身長の半ばに達せざるも、入営後発育の見込みあり」と診断されてしまい、入営せざるを得ない状況に追い込まれてしまう（『追悼　田河水泡展図録』）。

仲太郎は、北朝鮮の羅南《らなん》に送られ、歩兵第七三連隊に入営することになった。そして翌年、師団の動員令で満州の吉林省へ出勤している。

望んでいなかった軍隊生活で、唯一の救いだったのが、陸軍の一等兵として、軍用鳩通信班に配属されたことである。「楽な仕事」であったらしく、東京にいた従兄から絵具箱を送ってもらい、将校の来ない日にはスケッチにいくこともできたという（『追悼　田河水泡展図録』）。
軍隊での生活は、戦闘に巻き込まれることもなく、一九二二年の除隊によって終わりを告げる。この二年間の軍隊生活について「（前略）ここで兵隊にとられて、ビンタビンタに泣かされる苦労がなかったら、おそらくのらくろを描くことはできなかったでしょう」（田河水泡「吾輩が『のらくろ』である」『文藝春秋』一九六五年三月特別号）と語っており、後の『のらくろ』における軍隊生活の描写の参考となったことは間違いないであろう。

除隊するとそのまま、日本美術学校図案科に入学する。元々、絵を描くことは好きであったが、それで生計を立てていくのは難しいと考え、あえて図案科に進学し、杉浦非水《ひすい》の指導を受けることになる。そして、在学中から三科インデペントに出品するなど、抽象画にのめりこんでいく。さらには、一九二三年に抽象画の団体ＭＡＶＯ《マヴォ》に参加し、高見澤路直《みちなお》の筆名で芸術家として本格的な活動を始めていく。

図１　MAVO でのパフォーマンス
『追悼　田河水泡展図録』40 頁

なお、同時期のＭＡＶＯの主要メンバーに

は、村山知義が所属するなど、抽象画の世界において極めて積極的な活動を行っていた団体であった。MAVOに所属中、仲太郎は単に絵画を描くだけではなく、パフォーマンスを行うなど、従来の美術概念を覆すような前衛的芸術活動にのめりこんでいった(図1、右上田河)。

一九二五年に日本美術学校を卒業し、ユナイテッドアーチスト映画会社のポスターを描いたり、店のショーウインドーの飾りつけなど、あらゆる図案の仕事を請け負っていくが、やはり芸術家として生計を立てていくのは困難であることを実感せざるを得なかった。

†「笑い」の世界へ

芸術の世界では経済的に行き詰りつつあった仲太郎を救ったのが、「笑い」である。そこには、先にも触れた生い立ちも関係している。幼い頃の仲太郎を養ってくれた伯父は、落語好きで、寄席に連れて行ってくれた。そのおかげで、落語や講談を通して、ジョークやギャグを覚えていったという(『追悼　田河水泡展図録』)。

大衆雑誌『講談倶楽部』や『面白倶楽部』に掲載されている新作落語を目にした仲太郎は、自分ならばもっと面白い新作落語をかけると考えた。そして、挿絵付きで自作の新作落語を講談社に持ち込んだのである。その作品がさっそく採用されて、高澤路亭《ろてい》のペンネームで次々と新作落語を生み出していくことになった。

実はこの新作落語が、後の漫画家・田河水泡を生み出す直接的なきっかけとなる。高見澤こと高澤路亭の新作落語は、講談社が出版する大衆雑誌に掲載されたが、それを見た編集部の中から「あなたは絵が描けるそうだが、落語の挿絵も漫画風でなかなか面白い。漫画を描いてみたらどうだろう」とすすめられて、当時講談社が少年の読者向けに刊行していた月刊の総合雑誌『少年倶楽部』に漫画を連載し始めることになった。こうして、漫画家「田河水泡」（初期は田川水泡）が誕生した。

一九二八（昭和三）年の『目玉のチビちゃん』（『少年倶楽部』二月号より連載開始）を皮切りに、他の出版社からも原稿依頼が舞い込み、漫画家としての駆け出しは順調であった。そして、私生活でも転機が訪れる。この年の九月に、文芸評論家・小林秀雄の妹である冨士子と結婚している。冨士子は高見澤潤子というペンネームを使って、数々のエッセイ等を残していく。

ところで、初期の少女漫画というものは、男性の漫画家が兼業で執筆するのが通例であった。戦後になってもその伝統は続き、少年向けのギャグ漫画家として知られる赤塚不二夫も、デビュー当初はもっぱら少女漫画を描いていたほどである。

田河水泡もその例にもれず、クイズ「知恵の頁」（一九二九年『少女倶楽部』二月号より連載開始）、「あらまあ奥さま」（『婦人倶楽部』七月号より連載開始）、「プポ子さん」（一九三〇年『少女倶楽部』新年号より連載開始）、「求婚時代」（『婦人倶楽部』一月号より連載開始）、「スイートホーム」（一九三一年

『婦人倶楽部』新年号より連載開始)、「風船だぬき」(一九三一年『少女倶楽部』新年号より連載開始)と、漫画家としてデビューした当初は、数多くの少女漫画・婦人漫画を手掛けていたのである。

†「のらくろ」の大ヒット

田河水泡の漫画家デビュー作は、『少年倶楽部』に一九二八(昭和三)年二月号から連載が開始された「目玉のチビちゃん」であるが、当時の『少年倶楽部』は数多くある少年向け月刊雑誌の中でもずば抜けた人気を誇り、江戸川乱歩の「少年探偵団」シリーズや島田啓三の「冒険ダン吉」シリーズといった人気作を多数抱えていた。そして、田河水泡にとって代表作となる「のらくろ」シリーズも、一九三一年新年号より同誌で連載が開始されたのである。

田河水泡の生い立ちの際に触れたとおり、のらくろとは田河自身の分身ともいうべき存在だった。幼くして母を亡くし、父に捨てられたも同然の幼少期を過ごした体験が、身寄りのない主人公のらくろを生み出した。しかし、田河水泡こと幼き日の高見澤仲太郎少年が、伯母夫婦の家でそれなりの愛情を注がれて育っていったように、のらくろもその愛嬌を生かして、軍隊の中でとんとん拍子で出世していく。実際の軍隊生活の中ではびこっていた、いじめやしごきといった過酷な側面は、少年向け漫画ということを考慮してか一切描かれず、ほのぼのとした雰囲気さえ感じさせる空想としての軍隊生活が描かれている。

『少年倶楽部』の編集長を務めた加藤謙一は、当時をこのように振り返って「最初からあんなに長くつづけるつもりは、作者にも編集者にもなかった。時代は昭和のはじめだから、日本じゅうどこにでも兵隊さんがあふれていた。子どもの遊びといえば、せんそうごっこしか知らない時代でもある。その軍隊を背景にした漫画である上に、子どもの大好きな犬が主人公というのだから、条件が揃っていた」（〝のらくろ〟覚えがき『のらくろ漫画集（一）』）と語っている。

　のらくろは一等兵、上等兵、伍長、軍曹、少尉、中尉、大尉とトントン拍子に出世していく。現在と違って、「のらくろ」が連載されていた一九三〇年代における日本社会で兵隊は特別扱いさせることが珍しくなかった。漫画の中でも頻繁に「兵隊さんだからとくべつにまけましょう」「兵隊さんは半額です」（『のらくろ漫画集（一）』）という台詞が登場する。実際の軍隊内での生活は過酷なものであったことを田河水泡も度々言及しているが、漫画の中では、読者である少年たちの軍隊に対する憧れを配慮して、このようにプラスの面だけが描かれた。

「のらくろ」の人気は留まるところを知らず、キャラクターグッズが販売されるだけではなく、アニメーション映画化（当時は漫画映画と呼ばれていた）もされている。

　まず村田安司《やすじ》によって『のらくろ二等兵』（横浜シネマ、一九三三）、『のらくろ伍長』（横浜シネマ、一九三四）が制作されている。原作漫画の雰囲気を重視して、舞台を観客席から眺めるような、登場人物たちの動きを横から眺めるカメラワークで描かれている。この作品は、映画館で公開されるだけでなく、家庭用一六ミリフィルム向けとしても売り出され、手回しの映写機で多くの家庭で楽しまれた（『のらくろ一代記——田河水泡自叙伝』）。

それに対して、一九三五年に瀬尾光世によって制作された『のらくろ二等兵』『のらくろ一等兵』（瀬尾漫画映画研究所）は、村田の手による横浜シネマのアニメーション版が先に公開されてしまったため、一般にはあまり公開されないままであったとされている。（『のらくろ一代記——田河水泡自叙伝』）

しかし内容を見ると、アニメーションとしての作りは村田版とはだいぶ趣が異なる。太陽をはじめ、のらくろが寝ているベッドなど、ありとあらゆるものが擬人化され、生き生きと描かれている。このような無機物も含めた擬人化には、ディズニーに代表されるアメリカのアニメーションの影響を色濃く見て取ることができる。瀬尾は後に、プロパガンダ・アニメーション映画の傑作として名高い『桃太郎の海鷲《うみわし》』（一九四三）と『桃太郎　海の神兵《しんぺい》』（一九四五）の二作品を世に送り出している。その才能が、一九三五年の『のらくろ二等兵』でもいかんなく発揮されている。

このように、「のらくろ」の人気は漫画の世界に留まらず、アニメーションにまで広がり、ますますファンを獲得していくこととなった。

†漫画としてみた「のらくろ」の斬新さ

「のらくろ」という作品が一九三〇年代当時の読者たちの心をつかんだのは、現実とはかけ離れた、理想化された軍隊における立身出世を体現したストーリーもさることながら、当時の漫画としては斬新なコマ割りにもあるのではなかろうか。

図２　『のらくろ漫画集（1）』28 頁

例えば、図2は、『少年倶楽部』における「のらくろ」の第一話にあたるエピソードである。主人公・のらくろが猛犬連隊に入隊を申し出るところから物語は始まる。この時のコマ割りを見ると、一頁が均一の大きさのコマで六等分されている。これは、戦前の日本漫画においては標準規格とでもいうべきコマ割りの

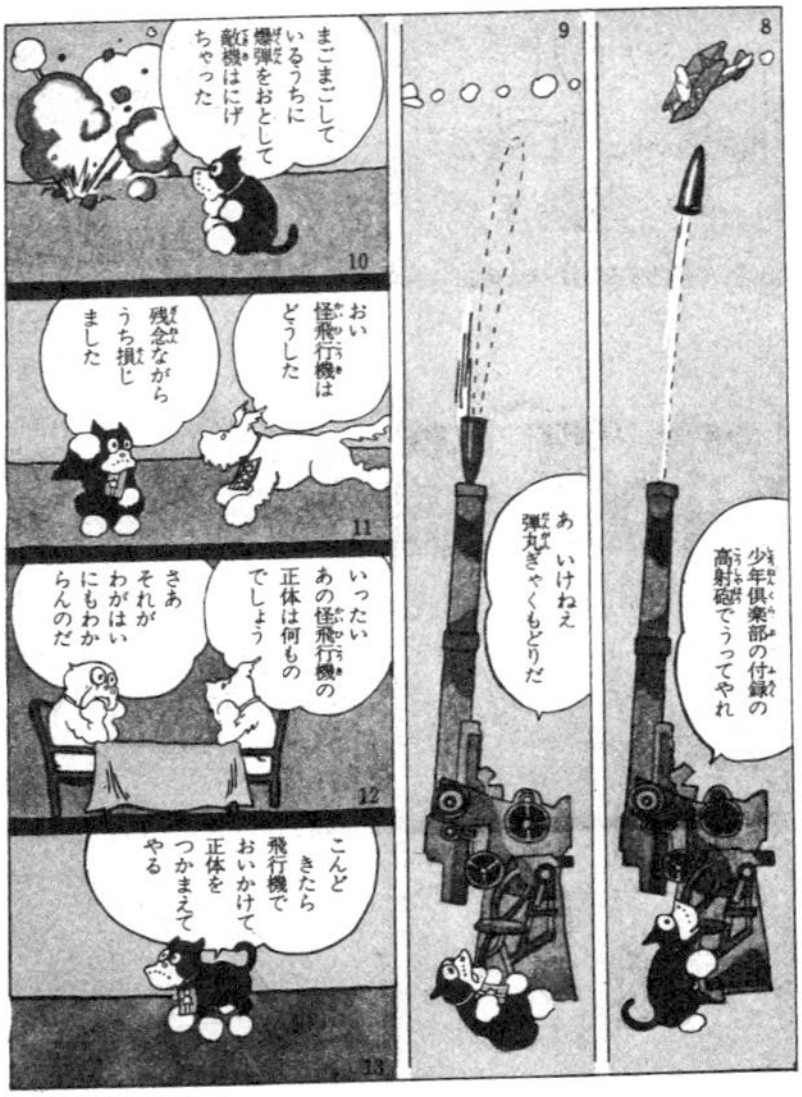

図３　『のらくろ漫画集（1）』７頁

仕方であった。

『少年倶楽部』での連載は、月刊誌とあって、一話当たりの頁数が限られており、一頁に六コマを詰め込むことで、ストーリーを前面に押し出した描き方がなされている。

しかし、「のらくろ」という作品がすべてこのような構成で描かれていたわけではない。時として、田河水泡はコマ割りを柔軟に使い分けている。

例えば図3を見てみたい。「のらくろ突進隊」というエピソードでは、赤と黒を使った二色刷りになっており、彩色も違うが、何よりもの違いはコマ割りである。ゴリラの大群と猛犬連隊の戦いがテーマとなっているが、注目すべきは、飛行機との闘いの描写である。まず、はるか上空を飛ぶ飛行機を、のらくろが地上から高射砲で攻撃する様子が、一頁を縦長に区切った細長いコマで大胆に描写されている。

また、敵のゴリラが操縦する飛行機から次々と爆弾を投下し、猛犬連隊が退却する様子を、L字型という形態で表現していく（図4）。

そして、最終ページでは一頁を丸ごと使って、敵から奪った飛行機（爆撃機）に乗り込んだのらくろが、ゴリラ国の軍の本部に爆弾を落とし、敵が白旗を挙げて降伏する様が描かれる。

図4 『のらくろ漫画集（1）』15頁

燃え上がる敵の基地の炎が赤い色で描かれ、画面の下半分は無残な瓦礫と化した敵の軍本部と、塀にもたれかかって「わしゃ　あの黒いやつにはとてもかなわん」とつぶやく敵兵の台詞も書かれている（図5）。

これまでの漫画にはあまり見られなかった一頁で一コマという大画面を使うことによって、戦闘の迫力観を演出することに成功して

図５『のらくろ漫画集（1）』27頁

いる。

このように「のらくろ」は、とんとん拍子で出世していくストーリーと大胆なコマ割り、この二つの点から、読者である少年たちの心を惹きつけていったのである。

†「のらくろ」の終焉と戦後の復活

『少年倶楽部』で一九三一（昭和六）年一月号から、一九四一年一〇月号までの約一〇年間に渡ってつづいた「のらくろ」の連載が終了したのには、二つの理由があった。

一つめは、政府から打ち切りを指示されたとするものである。内務省から「この戦時中に漫画などというふざけたものは掲載を許さん」と言われ、やむなく打ち切りとなったという理由である。編集長であった加藤は「あんなヒステリックな弾圧にあわなかったら、まだまだつづいていたであろう」と振り返っている（〝のらくろ〟覚えがき『のらくろ漫画集（一）』）。

また、当時連載していた「のらくろ大陸行」が、内務省情報局より執筆禁止令を受けたとする説もある（『のらくろ一代記──田河水泡自叙伝』二五六頁）。

表向きには、これが「のらくろ」という作品が人気でありながら、やむを得ず連載を終了せざるを得なかった理由とされている。

しかし、編集長であった加藤の言葉は、全ての事実を語っているわけではない。「のらくろ」という作品の人気が、かつてと比べると陰り始めていた側面も見逃せないだろう。

読者である少年たちが「のらくろ」という作品を熱狂的に支持したのは、身寄りのない野良犬であったのらくろが、軍隊の中でとんとん拍子に出世していく姿に憧れを抱いていたからである。「どんどん　ふえる首の星、末は大将元帥か」というキャッチフレーズさえも流行した（〝のらくろ〟覚えがき『のらくろ漫画集（一）』）。

しかし、実際の軍隊では、二等兵からスタートしたのらくろが大将まで昇進することは制度的に不可能であった。連載の中で、最終的にのらくろは大尉にまで昇進する。当時の日本の軍隊においては、士官学校出身でもない一般の兵士が昇進できる頂点が少佐であり、せいぜい大尉程度で終わるものであった。

さらに、一兵士から士官へと昇進するにつれて、頭の固い上司の裏をかいて、飄々と生きていくのらくろという作品の魅力自体も薄れていき、連載当初ほど、読者の支持を得られなくなっていた。当初は出世すればするほど人気が出たが、ある程度まで出世すると逆に人気が下がってしまうという、皮肉な状況に追い込まれたのである。

こうして、「のらくろ」という作品は一九四一年にいったん、連載を終了することとなった。さらに追い打ちをかけるように、他誌で連載していた作品も、戦時下における印刷用紙節約のため打ち切りになっている。

以後、終戦まで漫画家としての創作活動を休止せざるを得なくなり、困窮した生活を送ることになった。

しかし、終戦によって田河水泡の漫画家の活動は再開される。一九四六年には新聞『新夕刊』の漫画欄で編集を担当している。そして、一九四七年の『少年漫画詩集』を皮切りに、少年漫画の執筆も再開する。そして、一九四八年には『のらくろ三人旅』で「のらくろ」シリーズも再開される。以後、掲載媒体を転々としながら、「のらくろ」は一九八〇年の「のらくろ喫茶店」(『丸』三月号)で五〇年近くに及んだ連載に幕を閉じることになる。

田河水泡が漫画界に果たした役割は、単に作品を執筆するにとどまらず、後進の育成にも及んだ。一九三四年には、後に「サザエさん」の作者として国民的な作家となる長谷川町子が入門している。戦後も、滝田ゆう、山根青鬼《あおおに》、山根赤鬼といった漫画家たちを育てている。

戦前に連載されていた「のらくろ」は、戦後になって復刻版が出され、「のらくろ」リバイバルブームを生み出すことになる。一九七〇年にはＴＶアニメ化もされ、戦後生まれの子どもたちにも知られる作品へと進化していく。

田河水泡は、戦前から戦後に至るまで、日本の漫画界の重鎮として君臨した人物であり、かつ漫画に留まらず、芸術や落語など幅広い分野で活動をし、常に「笑い」というものを追求した。

そして、一九八九（平成元）年一二月、時代が昭和から平成へと移り変わったまさにその年に、九〇歳の生涯を閉じたのである。明治、大正、昭和、そして平成と、四つの時代を生きた偉大なる日本漫画の先駆者であった。

さらに詳しく知るための参考文献

田河水泡『復刻版のらくろ漫画全集』全一〇巻（講談社、一九六九）……オールカラーで戦前の「のらくろ」をハードカバーにより復刻。

田河水泡『のらくろ漫画集』全四巻（講談社少年倶楽部文庫、一九七五〜一九七六）……『少年倶楽部』に掲載されていた戦前の作品を中心に、単行本により復刻。

田河水泡『滑稽の構造』（講談社、一九八一）……著者本人が日常生活で収集したさりげないエピソードを具体例として挙げながら、滑稽というものを分類。

田河水泡『滑稽の研究』（講談社、一九八七／講談社学術文庫、二〇一六）……古今東西の研究者による滑稽に関する理論を紹介するとともに、日本文化における滑稽の歴史を紹介する資料も掲載。

町田市立国際版画美術館編『追悼　田河水泡展図録』（町田市立国際版画美術館、一九九〇）……田河水泡が晩年を過ごした町田市で開催された追悼展の図録。「のらくろ」をはじめとする漫画作品の原画だけでなく、田河水泡の足跡をまとめた年譜も充実。

田川水泡／高見澤潤子『のらくろ一代記――田河水泡自叙伝』（講談社、一九九一）……晩年の田河水泡とその妻による自伝。さまざまな漫画家との交流や、さらには漫画以外での多彩な活動についても触れている。

高見澤潤子『永遠《とこしえ》のふたり――夫・田河水泡と兄・小林秀雄』（講談社、一九九一）……小林秀雄の妹でもある、田河水泡の妻・高見澤潤子によって『漫画新聞』に掲載されていた記事をまとめたもの。

町田市民文学館ことばらんど編『滑稽とペーソス　田河水泡〝のらくろ〟一代記』（町田市民文学館ことばらんど、二〇一三）……町田市で開催された展覧会の図録。義兄・小林秀雄や漫画家・手塚治虫による回想録とともに、年譜や作品リスト等の資料が充実。

第14講

伊東忠太――エンタシスという幻想

井上章一

†エンタシスがそだてた夢

ヘレニズムという言葉がある。紀元前四世紀のおわりごろに、古代ギリシアの文化が、オリエント世界へひろまった。そこでギリシア的、つまりヘレニスティックな感化をおよぼすようになる。紀元前一世紀までつづいたとされるその影響を、われわれはヘレニズムとよんできた。

その普及は、アレクサンダー大王の東方遠征にはじまると、ふつうみなされる。古代マケドニアの王だが、ギリシアの軍勢をひきいて、ペルシアへ進攻した。そして、インドの西北部にまでまたがる一大帝国を、きずきあげている。ギリシアの文化が東方へ伝播したのは、一般にそのためだとされている。

日本では、このヘレニズムが飛鳥白鳳天平時代にとどいていたと、よく語られてきた。たとえば、法隆寺や薬師寺の仏像台座に、ギリシアの葡萄《ぶどう》唐草文様がつたわっている、と。法隆寺

伊東忠太の代表作とされる築地本願寺本堂（1934年竣工）

の中門《ちゅうもん》や金堂《こんどう》にある、なかほどがふくらんだ柱も、しばしばその例にあげられる。あれは、古代ギリシア建築の柱に見られるエンタシスの日本伝来を、しめしている、と。

たしかに、古いギリシアの神殿などは、柱の腹まわりをふくらませていた。その形状は、法隆寺の金堂などをささえる柱と、ひびきあう。ヘレニズムの日本伝播をしめす事例にあげたくなるのも、わからないではない。

法隆寺の柱にギリシア建築の感化を読みとり、それを高唱したのは伊《い》東《とう》忠太《ちゅうた》である。

伊東は、一八九三年に書いた「法隆寺建築論」で、そのことを論じだした（『建築雑誌』一八九三年一一月号）。法隆寺の金堂は、建築構成の比例配分がエトラスカン神殿のそれに、つうじあう。胴張《どうば》りとよばれる柱のふくらみも、古代ギリシアの建築と軌を一《いっ》にする。

ギリシアの建築様式は、アレクサンダーの東征で、インドの北西へつたわった。そして、そこへもちこまれたギリシア風は、仏教の東漸《とうぜん》により日本へとどいている。飛鳥にのこるエンタシス風の柱は、そんな文化伝播のあったことをあかしだてている、と。

伊東は建築家であり、建築史家でもあった。多くの作品をてがけ、建築史に関する著述も、たくさんある。

建築の仕事には、たとえば東京の築地本願寺（一九三四年竣工）が、あげられる。同じ東京の一橋大学兼松講堂や震災記念堂も、伊東の作品である。それぞれ、一九二七年と一九三〇年にたてられた。京都の平安神宮（一八九五年竣工）も、代表作のひとつである。

著述の主だったものは、『伊東忠太建築文献』（全六巻、一九三六〜三七）に、おさめられている。一九四三年には、文化勲章を受章した。多方面にわたって業績をのこした表現者であり、学究でもある。法隆寺へのエンタシス伝播だけを、声高にとなえたわけではない。

伊東忠太（1867-1954）

しかし、ここでは、もっぱらヘレニズム伝来説の提唱者として、あつかうことにする。伊東がのこした諸言説のなかでは、これがいちばん近代日本の言論界を、にぎわせた。人口に膾炙《かいしゃ》するという度合いでは、建築史学が世にはなった議論のなかでも、きわだつ。

また、この本を手にとって読む人も、その多くは人文社会系の関心をいだいていよう。伊東の建築作品をあれこれ解説しても、興味はもたれまい。近代日本の文化状況を概括しようとする編者も、そういうことは期待していないと思う。伊東論としては一面的にすぎるが、あえて法隆寺へのヘレニズム伝播説に、こだわりたい。

さきほどは、この議論がもった訴求力のほどを強調した。つぎに、その程度と質がわかる記述を、いくつか紹介しておこう。

作家の中村真一郎に、『愛と美と文学』（一九八九）という自伝がある。なかに、父親と奈良をまわった、小学校入学当時の想い出が、書きとめられている。

これによれば、法隆寺をおとずれた父は、息子の真一郎に、柱への注目をうながした。柱の形を見よ。びみょうなカーブをえがいている。ギリシアの神殿と同じで、ラインがエンタシス状になっているんだ。そう父からしめされた時、まだおさなかった未来の作家は、こうさとったらしい。

「その瞬間は私の人生にとって決定的であった。私は……世界はひとつであり、文明は普遍的である、ということを子供心に確信した」。

同じ本で、中村は青年期にいだいた信念を、こうのべている。「日本人にしか通じない真理なぞ存在しない」。そして、そう信じられた背景には、「私の幼時の法隆寺体験」がある、と。

中村がエンタシス伝播説を知ったのは、一九二〇年代のなかごろであったろう。ほぼ同じころに、のちの歴史家・林屋辰三郎も、京都一中の授業でこれを聴いている。そして、ユーラシアをこえた文化のつながりに「感動」したらしい。歴史への興味をつのらせる、そのきっかけにもなったという（佐山一郎「インタビュー・『歴史』という仕事——林屋辰三郎」『ザ・ビッグマン』一九九三年六月号）。

六、七世紀の日本に、ヘレニズムがとどいている。法隆寺の柱が、少しふくらんでいるのはそのためであるという。この話は、子どもの心にもひびく輝きをもっていた。コスモポリタニズムをはぐくむ種子になることも、じゅうぶんありえたのである。

†コスモポリタニズムと日本回帰

話の角度を、少しかえる。

和辻哲郎は、まず西洋の哲学をまなび、その後、日本文化史へ関心をうつしていった。いわゆる日本回帰をとげた知識人のひとりである。『古寺巡礼』（一九一九）は、そんな和辻の転回をしめす代表的な著作だと言える。

この本で、和辻は飛鳥から天平までの美術史を、古代ギリシアと強く関連づけている。インドまでつたわったヘレニズムは、インド化された。だが、日本人はインド的なあくの強さをきらい、これをぬぐいおとしている。そのため、日本はより純度の高いギリシア文化をうけとったと、いうのである。

日本回帰へのとば口に、飛鳥奈良時代の美術を、和辻はうかびあがらせていた。日本文化史のなかでは、いちばん西洋的だとみなせそうなところから、はいっている。西洋の教養を身につけた知識人が、あらためて日本文化を研究する。そのとっかかりには、ヘレニズムの感化を想定しうる時代が、都合もよかったのだろう。

だからこそ、『古寺巡礼』は、エンタシスへの言及にも、ページをさいている。それが、「ギリシア建築との関係を思わせ」るからである。エンタシスが東アジアへ伝播した例は、「ただ日本に残存するのみ」である。このことから、和辻は日本こそがもっともギリシア的なのだと、話をくみたてていく。

飛鳥白鳳天平の遺構に、ギリシアの影を読む。この論法は、コスモポリタニズムをあとおしした。しかし、それだけではない。逆に、日本回帰をこころざす知的ないとなみの、その道しるべともなった。

一九三〇年代の後半には、この日本回帰が、知識人のあいだにひろがりだす。西洋的な教養ではぐくまれた人たちが、日本文化を見なおし、言及をこころみる。そのさい彼らは、しばしばギリシア的だとされた奈良の美術や建築を、とりあげた。たとえば、堀辰雄、萩原朔太郎、そして亀井勝一郎らが、である。

人びとに、コスモポリタニズムへのあこがれをふきこむ。あるいは、日本回帰へのきっかけをもたらす。ヘレニズムの日本伝来説は、そのどちらにも作用しえた。そして、そんな言説上の触媒を世にもたらしたのは、伊東の「法隆寺建築論」なのである。

建築史学がはなった議論のなかでは、いちばん言論界にうったえる力が強かった。伊東のエンタシス伝来説を、以上のように位置づけるゆえんである。

†鮮卑からは目をそむけ

法隆寺の中門や金堂にある柱の胴張りは、古代ギリシアの影響をうけている。仏教は飛鳥時代以後の日本へ、インドの北西に飛火したギリシアの様式をもたらした。そして、インドへそれをもちこんだのは、アレクサンダー大王にほかならない。今でも、この説明は、よく耳にする。法隆寺へ観光客を案内するガイドも、しばしば語ってきた。

しかし、この話は、おそらく正しくない。

アレクサンダー大王が東征をはじめたのは、紀元前三三四年であった。インドのパンジャブ地方まで勢力下におさめたのは、紀元前三二七年のことである。しかし、この時代には、ギリシア建築からエンタシス状の柱が、なくなっていた。その百年ほど前から、ふくらんだ柱はつかわれなくなっていたのである。

建築様式史的には、アレクサンダーらによるエンタシスの東伝など、ありえない。じっさい、インドの西北をふくむ東征の地に、伝播をしめす建築は発見されてこなかった。イラン、アフガニスタン、パキスタンに、エンタシスをもつ遺構は、見いだせていない。

また、アレクサンダーの軍勢は、東方へギリシアの感化を、それほどおよぼさなかった。むしろ、ペルシアの文化に、彼らのほうがとりこまれているぐらいである。

インドの西北には、ガンダーラの遺跡がある。そして、ここには地中海風にいろどられた美術が、いくつも存在する。

しかし、そうした遺品の出土例がふえるのは、紀元前一世紀後半ごろの地層からである。ヘレニズム風の感化が見えだすのは、東征から三〇〇年ほどたってからの現象であった。おそらく、そのころにはじまったローマとインドの交易が、もたらしたのであろう。三世紀も前のアレクサンダーがはこんだものでは、とうていありえない。

話を伊東忠太にもどす。伊東は一九〇二年から、三年間の海外留学に旅だった。中国、インド、西アジア各地の探検におもむいている。

当時の伊東は、東京帝大の助教授になっていた。そのころの慣例で、教授へ昇進する前に、東大は欧米への留学を義務づけている。そのならわしに背をむけ、伊東はアジア探査を希望したのである。

東大当局は、伊東に翻意をうながした。文部省も、伊東のプランを、なかなかうけつけない。

だが、東大や文部省と伊東は、けっきょくたがいに歩みよっている。伊東はアジア各地を調査するが、最後はヨーロッパに滞在する。そんな妥協で、おりあいをつけた。

アジアの探検へのりだすことに、伊東がかけた意欲のほどを読みとれよう。じっさい、教授となるべき東大の助教授に、こういうこだわりをしめした前例はない。全学部をつうじ、欧米での研鑽をはねつけようとした、最初の学徒であった。

アジアに執着した理由は、はっきりしている。伊東は自分の建築史学を、ユーラシアのなかに位置づけたがっていた。また、法隆寺にとどいたヘレニズムの伝播系路を、東から西へたどろうともしている。ギリシアの建築様式は、どのようなルートをへて、日本へたどりついたのか。その筋道をさかのぼってたずねようとする志も、いだいていた。

一九〇二年の六月に、伊東は雲崗《うんこう》の石窟寺院をおとずれている。五世紀の後半、五胡十六国時代に、北魏がきずいた仏教遺跡である。ガンダーラあたりの地中海とつながる美術がとどいていることでも、知られている。ねんのため、伊東の雲崗探査は欧米のそれにさきがけていたことも、のべそえよう。

そこで、伊東は法隆寺をしのばせる建築意匠と遭遇する。とりわけ、「第一窟」の柱には、「粗野なるエンタシス」を見てとった（「北清建築調査報告」『建築雑誌』一九〇二年九月号）。また、古代ギリシアをしのばせる装飾も、そこかしこに見いだしている。

ここで、伊東は確信した。やはり、法隆寺のヘレニズム風は、西方からとどいている。エンタシスの源流も、古代ギリシアにさかのぼりうる、と。

しかし、その後伊東は、エンタシスのある柱を雲崗以西に、見つけられていない。法隆寺の源流をたずねても雲崗までしか遡及しきれないことは、かみしめたはずである。にもかかわらず、最晩年にいたるまで、ギリシアからのエンタシス伝播説を堅持した。見はてぬ夢をおいかけつづけたと言うべきか。

法隆寺には、ギリシアの文様がとどいていたと思う。しかし、柱のふくらみに関するかぎり、その源流を雲崗より西に想定するのはむずかしい。だとすれば、五世紀北魏の石窟寺院をこそ、ルーツだとみなすべきだったろう。少なくとも、エンタシスについては。

伊東だけの問題ではない。今日にいたるまで、中央アジアでは、柱にエンタシスのある遺構が見つからなかった。学問的には、ギリシアからの伝来説など成立しえない状況が、できていたのである。にもかかわらず、源流をギリシアにもとめる声は、言論界でながらく延命した。

雲崗に石窟寺院をいとなんだ北魏は、拓跋部《たくばつぶ》という鮮卑《せんぴ》族の一部族がうちたてた国である。北の遊牧民が、華北へせめいり樹立した国家にほかならない。そして、ギリシアの文様なら、彼らの交易路をへて華北までつたわった可能性はある。だが、柱のふくらみは、北方遊牧民そのものの造形だと言うしかない。

法隆寺は、北魏風と同じように、柱をふくらませた。鮮卑族にならって、胴張り柱をとりいれている。その可能性は、じゅうぶんある。だが、近代日本の言論界は、そういう話をよろこばなかった。ヨーロッパ文明の源とも言うべきギリシアの感化により、法隆寺の柱はエンタシス化する。以上のような物語のほうを、歓迎したのである。

歴史の語りにおいても、洋物の舶来品を、一種の幻想だが、ありがたがった。そして、鮮卑族拓跋部からの伝播という、より現実味の高い系路については、目をつむる。アジアの蛮族にあやかったという構図は、気にいらなかったのだろう。まあ、雲崗石窟ができた五世紀なら、倭国のほうがより未開的であったとも思うのだが。

†幻想の根っこには

法隆寺に、古代ギリシアの建築とよく似た、柱のふくらみがある。このことじたいは、たしかである。伝播の途をとやかく言わないかぎり、まちがってはいない。

そして、この類似性に、建築をまなんだ者は、気づきやすかったと思う。じじつ、伊東忠太の先輩にあたる石井敬吉も、そのことは読みとっていた（「日本仏寺建築沿革略」『建築雑誌』一八九三年二月号）。一八九八年に法隆寺を見たアメリカの建築家も、エンタシスへの言及をのこしている（Ralph Adams Cram, *Impressions of Japanese Architecture and the Allied Arts*, New York, The Baker & Taylor Company, 1905)。

ただ、石井はアレクサンダー大王の東征に、言いおよんでいない。法隆寺のエンタシス形状を、大王の足跡とかさねあわせたのは伊東である。その点では、誤謬もあったが、伊東のオリジナリティをみとめうる。

ただし、さきほど紹介した米人建築家も、法隆寺の柱を大王とともに論じていた。東洋に古代ギリシア風の何かを見つけた者が、アレクサンダーへ想いをはせる。そういう想像の筋道じたいは、当時において、けっこうありふれていたのかもしれない。

一八八八年には、政府の主導で奈良の古美術調査が、おこなわれている。九鬼隆一《くきりゆういち》を団長とする、いわゆる九鬼調査団が奈良へおもむいた。アーネスト・フェノロサや岡倉天心も、これにはつきそっている。

そして、彼らは奈良の古寺が秘蔵してきた宝物に、しばしば古代ギリシアを読みとった。ユーラシアをとおって、ギリシアの影響が奈良にまでとどいている、と。のみならず、その理由は、アレクサンダーがギリシア文化を東漸させた点に、あるとした。

そんな彼らも、しかし法隆寺の柱へは目をむけていない。そこに、ギリシア伝来のエンタシスを読みとったのは、伊東の創見であったろう。九鬼調査団の数年後に、建築家としての眼力を発揮したのだと、位置づけうる。ユーラシアへひろがる歴史観じたいは、九鬼らのそれを反復させていた。

いずれにしろ、伊東にさきがけた調査団も、事態をアレクサンダーと関連づけている。その東征が、古代ギリシアの文化をインドの北西部へ、もたらした。そして、そこにとどいたギリシア風が、仏教伝来で日本へはこばれたと、とらえている。どうやら、アレクサンダーうんぬんという話は、当時の常識になっていたようである。

西洋史の研究者には、わざわざのべそえる必要もないだろう。アレクサンダーの遠征が、ヘレニズムをオリエントへおしひろげる。この歴史的な見取図は、ドイツの歴史家であるドロイゼンが定式化した。

さきほどものべたが、アレクサンダーらはペルシアの文化に同化してもいる。それほど、古代のギリシア風を東方へは、もたらしていない。ガンダーラでギリシア化がうかがえるのは、ずっと後になってからである。

しかし、一九世紀の西洋における人文学は、アレクサンダーらの感化力を特筆した。ヨーロッパがアジアに文明をひろげていく。そんな帝国主義時代の思惑を、アレクサンダーに投影したということか。とにかく、東征がヘレニズムを普及させたという物語は、ひろくしたしまれたのである。

ドロイゼン史観で建築を論じた研究者に、イギリスのジェームズ・ファーガソンがいる。一九世紀のなかごろから、インド建築史についての成果を、発表しはじめた。『インドおよび東洋の建築史』(一八七六)という通史的な読み物も、書いている。

なかで、ファーガソンは、インド以東の中国や日本をあなどった。語るにあたいする建築は、インドあたりまでしかない。それより東には、値打ちのない建築ばかりがたっていると、きめつけた。

インド以東を軽んじる理由は、アレクサンダーの勢力がおよんでいない点にあるという。インドまでは、東征軍により、偉大なヘレニズムの影響をうけていた。だから、論じるべきりっぱな建築も、たとえばガンダーラあたりには、たくさんある。しかし、ヘレニズムの圏外にある建築は、とりあげる価値がないというのである。

いかにも、一九世紀の西洋人らしい書きっぷりと言うべきか。この通史は、建築をこころざす日本の学徒らに、よく読まれた。もちろん、伊東も目をとおしている。じじつ、日文研のもっている同書には、「伊東忠太」という蔵書印がおしてある(一八九一年版)。

見れば、あちこちで伊東が、エンピツ書きの批判を書きこんでいる。反感をいだきながら読んでいった様子が、よくわかる。じっさい、伊東はさまざまな機会をつかまえ、ファーガソンに非難の言葉をぶつけていた。けっきょく、伊東の法隆寺論には、そういう想いがこめられていたのだと思う。

ファーガソンは言う。ヘレニズムは、アレクサンダーの東征をうけたエリアにしかとどいていない、と。しかし、そんなことはない。日本の法隆寺を見よ。そこでは、古代ギリシア的なエンタシスの柱が、かがやいている。ヘレニズムは、日本までつたわった。そう言いたくて、伊東は「法隆寺建築論」をあらわしたのだろう。

伊東の執筆動機に、日本的な価値へのひらきなおりはない。ギリシアなど、なにほどのものか。日本の建築には、そんなもののおよばない、日本独自の輝きがある。以上のようには、話をすすめなかった。

日本も、古代ギリシアからのおこぼれならもらっている。法隆寺は、ヘレニズムの影響圏にはいっていた。そこを見そこなうなというような主張に、なっていたのである。

伊東は、欧米への留学という東京帝大のしきたりに、あらがおうとした。アジア探検への深い想いいれを、あらわにしている。しかし、その法隆寺論はドロイゼン的な価値観の軍門に、下っていた。ヘレニズムをとうとしとする点で、ファーガソンともつうじあっていたのである。

そんな法隆寺論が、後世の知識人にさまざまな幻想をあたえていた。たとえば、中村真一郎に「世界はひとつ」だというそれを。あるいは、和辻哲郎らを日本回帰へとむかわせるさそい水の役割も、はたしてきた。

日本近代の言説史上へ、建築家の言葉を位置づけたい。そんな想いで、この一文は書かれている。伊東忠太の人物論としては、かたよりのありすぎることを、ことわっておく。

さらに詳しく知るための参考文献

岸田日出刀『建築学者伊東忠太』（乾元社、一九四五）……著者は東京帝大の教授。停年後の伊東から聞きとったライフヒストリーをこの一冊にまとめた。

太田博太郎「伊東博士と日本建築史」『建築史の先達たち』（彰国社、一九八三）……著者は、戦後の建築史研究をリードした東大の教授。先学の伊東がのこした成果の、史学史的な位置づけをこころみている。

鈴木博之編『伊東忠太を知っていますか』（王国社、二〇〇三）……ワタリウム美術館の「建築家・伊東忠太の世界展」を記念して、刊行された。さまざまな角度から、伊東が論じられている。本稿とのかかわりでは、「第四章　伊東忠太の世界旅行」が参考になる。なかでも、エルサレムの聖墳墓教会と伊東の震災記念堂をむすびつけた岡田保良の指摘は、出色。

ジラルデッリ青木美由紀『明治の建築家伊東忠太　オスマン帝国をゆく』（ウェッジ、二〇一五）……著者はイスタンブール在住の美術史家。伊東の中東探査を、旧オスマン帝国側の記録ともてらしあわせ、再構成する。

伊東博士作品集刊行会『伊東忠太建築作品』（城南書院、一九四一／ゆまに書房、二〇一四）……本講ではふれなかった建築家としての仕事が、まとめられている。

村田治郎『法隆寺の研究史』（毎日新聞社、一九四九／中央公論美術出版、一九八七）……なかに「西洋古典文化との関係」をあつかったところがある。エンタシス伝来説の登場と、それが証明しきれぬことを論じている。本講も、これを下地としながら、議論をすすめてきた。

山田耕筰——交響曲作家から歌劇作家へ

片山杜秀

†「日本のシューベルト」の意味するところ

山田耕筰《やまだこうさく》は、日本近代の西洋クラシック音楽畑の作曲家として、瀧廉太郎《たきれんたろう》とともに高等学校の日本史の教科書にも記載される存在である。とはいえ、全貌を踏まえたうえでの評価が確立しているかというと、いまだ道半ばであろう。

山田には、生前から「日本のシューベルト」という綽名《あだな》がよく冠されてきた。シューベルトは一九世紀のドイツ・オーストリアの前期ロマン派を代表する作曲家である。が、二〇世紀の後半になっても、その膨大な創作の中で独唱曲が突出して人気を得ていた。歌曲『魔王』や歌曲集『冬の旅』等々である。もちろん交響曲なら『未完成』、室内楽曲ならピアノ五重奏曲『ます』なども人口に膾炙《かいしゃ》してきたけれど、ピアノ・ソナタや弦楽四重奏曲、ピアノ連弾曲までも含めて、シューベルトの値打ちが俯瞰的に過不足なく明らかにされ、演奏や鑑賞の領域に十分に及んでゆくのは、一九七〇年代以降と言ってよく、しかもそのプロセスは今日なお現在進行形で続いている。

山田が「日本のシューベルト」と言われたのは、そうした今日的なシューベルト像、すなわち歌曲だけでなく広い楽曲分野に多くの傑作を遺した作曲家という、より新しいイメージと、あまり関係がない。山田と結び付けられるときのシューベルトとは、昔ながらの「歌曲王」なる称号と等価である。山田の仕事を歌曲に特化して、その業績を評価し、格付ける。それが「日本のシューベルト」の意味するところである。

確かに、山田は近代日本歌曲の代表的作曲家のひとりであるには違いない。しかもかなり突出している。山田の作曲した歌曲や童謡には、北原白秋作詞の『からたちの花』があり、同じく白秋の詞による『この道』があり、三木露風作詞の『赤とんぼ』がある。国民的に愛唱されてきたいくつもの抒情的な歌がある。

瀧廉太郎の代表曲とされる、土井晩翠《ばんすい》作詞の『荒城《こうじょう》の月』も、山田が曲の根本性質を改めて、ほとんど山田の作品であるかのようにしてしまったがゆえに、初めて広く親しまれるようになったと言ってもよい。瀧本人はその曲の譜面を、アンダンテという中庸なテンポで、調子のよい八分音符の連なりを基本として、寮歌調としか言いようのない、しかも伴奏なしの旋律譜でしか残さなかったのに、山田は、元の旋律をもちろんほぼそのままにしながらも、テンポを大幅に緩め、音価も概して引き延ばして（オリジナルの、八分音符を基本とする記譜を、四分音符主体に変えている）、ロマンティックな情趣の零れるピアノ伴奏を持った、纏綿《てんめん》たるアダージョの感傷的な歌曲に書き換えてしまった。テンポも譜づらもそこまで変わると、もはや別の曲である。

端的に言えば、瀧のオリジナルは日清戦争の軍歌流行期のあとを受けて軍歌調が寮歌調に移行する時代ならではの産物であったのに対し、山田は同じ歌を編曲の力で大正・昭和初期のブルジョワジーの求める抒情や感傷の質に相応しいものへと変換したということだ。いわゆるバンカラと結びついて放吟高唱される型の歌の系譜に属するだろうオリジナルの『荒城の月』が、余韻嫋々《じょうじょう》たる、ややセンチメンタルと呼びたいほどの抒情的歌曲に化けた。世に「耕筰調」と呼ばれもした山田の歌の主傾向を、山田版『荒城の月』はよく反映している。

山田耕筰（1886-1965）

†「耕筰調」の浸透力

そのような作曲から編曲までに及ぶ「耕筰調」の浸透力は並大抵ではなかった。たとえば、一九六三（昭和三八）年の東映映画『民謡の旅　秋田おばこ』では、美空ひばり扮する化粧品会社の営業部員が、駅で待ちぼうけを食って、すかさず、北原白秋作詞、山田作曲の『待ちぼうけ』を歌いだす。こうした、山田の歌曲の人口への膾炙の度合いを示す事例は、近現代の日本の大衆文化の中にいくつも見いだせる。中でも極めつきなのは、一九五〇年代中葉の東京の砂川での反米軍基地闘争で、民衆が『赤とんぼ』を斉唱しつつ座り込みを続け、官憲を圧したという、戦後民衆の抵抗史の中でも、もはや神話化しているエピソードであろう。

『赤とんぼ』こそ、民衆の共感を幅広く得、連帯の力になる歌。そうした共通認識が国民的に成立していなくては、砂川の生んだ物語が全国に説得力を持って広まるはずはなかった。『赤とんぼ』は昭和になってから生まれた童謡だというのに、『君が代』や『さくら』に優るとも劣らぬくらいの根付き方をした。昔からこの国で歌われ続けているかのような匿名的な民衆歌のような存在感を示した。『赤とんぼ』の旋律は、あれだけ短くシンプルに聴こえる内に、素朴な日本民謡調から西洋七音音階調へとはばたこうとする劇的変転を煎じ詰めており、まさに和洋折衷体の粋が示されているとも言え、だからこそ近代日本人の心を深く広くとらえることができたとも考えられる。とにかく、山田のいくつもの歌曲や童謡は長年にわたり、事実上のポピュラー・ソングでもあり続けてきた。もちろん、よく書き込まれたピアノ伴奏を持った芸術歌曲や芸術歌曲的童謡としての扱いを受け、演奏会のレパートリーとして愛されながらである。

芸術歌曲と民衆歌曲を兼ねる歌をひとりの作曲家が多数作り出すということは、どこの国の音楽史にもそうそうあることではない。欧米の二〇世紀中葉くらいまでの映画で、登場人物が、シューベルトの『野薔薇《のばら》』や『菩提樹』を口ずさむのはごく自然だが、ワーグナーやドビュッシーを歌うとなったら、かなり特殊である。芸術歌曲と民衆歌曲は歴史のある段階では区別しがたい重複度を示し見事に均衡することもあるが、そのあとはたいてい乖離してゆく一方で、再び交わるのは難しい。

そうした意味での特例を、一九世紀ドイツ語歌曲史において実現したのがシューベルトで、近代日本語歌曲史でそれに相当する位置を占めるのが山田であるという理解があり得るだろう。山田を「日本のシューベルト」と捉えることで見えてくるものはとても多い。山田の歌は近代日本人の抒情や感傷のひとつの典型を作り上げた。そう言ってもよい。そういう種類の歌が芸術歌曲と民衆歌曲を兼ねうるものになる。

その頃の日本には、山田の歌作りのライヴァルとして、中山晋平も本居長世《もとおりながよ》も信時潔《のぶとききよし》も橋本國彦も居た。彼らは揃って山田と同じく東京音楽学校（現東京藝術大学音楽学部）で西洋クラシック音楽を学んでいる。その意味で山田の仲間たちであり、山田と同時代的に歌曲作家として目覚ましい働きをしている。しかし、中山や本居は民衆や民謡や三味線音楽に偏り過ぎ、信時は芸術や国民道徳に偏り過ぎ、橋本は都市やモダニズムに偏り過ぎた。山田ほどの包括性や均衡性を得られなかったところがある。たとえば中山はポピュラリティを得たことでは、山田以上だが、その究極に登場する、一九三二（昭和七）年作曲の、西條八十《さいじょうやそ》作詞による盆踊り歌『東京音頭』は、もはや完全にポピュラーの側に振れ切っており、上品さや芸術臭を一掃している。それでも『東京音頭』を山田や橋本や本居の新民謡的芸術歌曲の系譜で語れないわけではないし、そうすることに意味もあるが、やはり中山は山田とは別の次元へと踏み越えているからこそ、クラシックらしく装うとする片鱗さえも残そうとしない潔さにおいて中山らしいのである。

†日本語歌劇の確立へ

閑話休題。以上、触れてきたように、山田の日本近代音楽史における歌曲作家としての特権的地位はゆるぎないものであろう。まさに「日本のシューベルト」である。しかし、山田を歌にばかりこだわって論じていては、山田の一面を見るにとどまる。その一面は歴史的にとても目立ってきたし、実質においても大切ではあるが、あくまで一面である。山田はシューベルト同様、歌曲も書いた作曲家であって、歌曲ばかり書いた作曲家ではない。しかも山田の著名な歌曲や童謡は、生涯の限られた時期に、かなり偏って作られているという事実が注意されなくてはならない。

ここまでに挙げた曲名を含めて具体的にすれば、『曼珠沙華《ひがんばな》』や『六騎《ろつきゆ》』や『かやの木山の』が一九二二（大正一一）年、『ペチカ』や『待ちぼうけ』や『あわて床屋』は一九二三年、『かえろかえろと』は一九二四年、『からたちの花』は一九二五年、『赤とんぼ』や『この道』は一九二七（昭和二）年の作品になる。三木露風作詞の『野薔薇』の作曲と瀧廉太郎の『荒城の月』の編曲は共に一九一七（大正六）年というふうに、時期の早いものもあるが、それでも山田の歌の分野での「日本のシューベルト」らしい主たる仕事は、山田の全作曲家人生に満遍なく行われているというよりも、大正後期から昭和初期の数年に、圧倒的に偏っている。

では、山田は長い音楽家人生の他の時期に何をしていたのか。そもそも山田本人は、自身の本領を歌曲作家と思い詰めていたわけではないだろう。日本語による芸術的でポピュラリティもある歌曲や童謡に創作の力点が置かれ、代表作が生まれた時期が、何年かに集中した理由には、まずは社会的需要ということがある。需要があるから作る。作れば作るほど楽譜が売れて儲かる。山田が作曲家として経済的に生活を成り立たせることができる。そういうことである。

立派なピアノ伴奏の付された、中身としては芸術的で親しみやすくもあるたぐいの歌曲や童謡のニーズが急に高まったのが、大正の特には第一次世界大戦期の途中から。それは大戦による好景気を機に、教養を求めるブルジョワジーが大都市部を中心に厚く形成されはじめたことと、密接に絡む。彼らは泰西名画や泰西名曲に興味を持ったが、音楽でも歌となると、言葉の理解力の問題から、日本語の歌の需要が、大人向けの芸術歌曲から子供向けの芸術的童謡まで含めて生じ、山田はその市場にやや遅れ気味に参入し、ライヴァルたちをおしのけて、その世界の覇権を握ることに成功した。その過程が、一九二二年の『曼珠沙華』から二七年の『赤とんぼ』までの作品表に示されている。

だが、それだけではない。山田が作曲家としてのおのれの目指す道について青年期から試行錯誤を重ね、ついに最終目標を見いだし、その目標を貫こうとするときの中途の重要な一段階として、どうしても「歌曲や童謡の時代」を経なければならなかったということがある。その最終目標とは日本語歌劇の確立である。オペラ作曲家として、日本のみならず欧米にまで、自らの存在を示したいということである。ドイツのワーグナー、フランスのドビュッシー（歌劇『ペレアスとメリザンド』の作曲者としての）、ロシアのムソルグスキー（歌劇『ボリス・ゴドゥノフ』の作曲者としての）の地位を日本で得たい。それはむろん山田個人の芸術家としての野心であるが、その野心は、近代日本の西洋クラシック音楽のありようは日本語歌劇を主軸に展開されるのが正しいという歴史的確信に支えられていた。日本はオペラの大作曲家をいち早く持たねばならない。それは山田自身であるべきだ。山田の人生は壮年期からはっきりとこのプロジェクトに捧げられた。

†器楽作曲家のパイオニアを志す

山田は、一八八六（明治一九）年六月九日、東京の本郷森川町で生まれ、日露戦争の始まる年、一九〇四（明治三七）年、東京音楽学校に入り、声楽、チェロ、理論等を学んだ。主たる師匠は、ヨアヒムの弟子でシカゴ交響楽団の創設期に首席ヴィオラ奏者を務めたアウグスト・ユンケルや、ベルリン王立アカデミー高等音楽院（現在のベルリン芸術大学の音楽部門につながる）に学んだチェロ奏者で作曲もよくしたハインリヒ・ヴェルクマイスターという二人の「お雇い外国人」だった。本格的に作曲もはじめた。

山田のこの時期の作品には声楽曲もあるが、山田が執念を持っていたと思われるのは、弦楽四重奏曲、ピアノ曲、ヴァイオリン曲等、器楽のみの音楽である。近代日本における山田の作曲の先輩たちは、明治のうちにたくさんの歌を作っていた。しかし、器楽となると少ない。

山田が音楽学校に入る頃にはすでに夭折していた瀧廉太郎の作品目録も大半が歌で、器楽作品として遺されたのはピアノ曲が二つだけである。幸田露伴の妹の幸田延《のぶ》はヴァイオリン・ソナタを、島崎赤太郎はハルモニウムの曲を、陸軍軍楽隊の永井建子《けんし》や海軍軍楽隊の瀬戸口藤吉はマーチの類いを作ってはいたが、それらも習作だったり、教育用だったり、機会的な作品だったりする。文学や美術の世界では日本でもすでに当然だった、個人が自由な表現意欲の表れとして大きな作品を仕立てることが、日本の西洋クラシック音楽の世界には、器楽の音楽を作るということでは、いまだ当たり前になっていなかった。作曲したい人間がいたとしても、演奏する側や鑑賞する側の準備も整っていなかった。泰西名曲をまだこなせず、ベートーヴェンもブラームスもこれからというときに、なぜいきなり日本人のピアノ曲やヴァイオリン・

ソナタや弦楽四重奏曲に接しなくてはならないのか。

山田は野心家にして冒険精神に富んでいた。そんな日本の状況を打破せんと志を立てた。器楽作曲家のパイオニアたらんとした。まだ日本人には交響曲どころか、本格的なオーケストラのための音楽を書いたものもいなかったから、その第一号になろうともした。

そのためには腕がいる。日本での「お雇い外国人」相手の勉強では足りない。箔もつかない。日本には上手なオーケストラもまだないから、交響曲を書こうにもイメージも湧きにくい。山田は学生時代から様々なスタンドプレーで楽壇に知られていたから、母校に教官として残り、瀧廉太郎ら、諸先輩のように、官費留学生として欧米に派遣される所まで行くとは限らない。というか難しい。山田の家も豊かではない。山田は私的にスポンサーを探す道を選んだ。

†実り多きベルリン留学

東京音楽学校の研究科（戦後の学制になぞらえれば大学院生に相当するだろう）の二年生だった一九一〇（明治四三）年、山田はヴェルクマイスターの口利きで三菱財閥の岩崎小彌太《こやた》から援助を引き出すことに成功し、ベルリンに留学した。これはもう東京の楽壇を驚かせるスタンドプレーの極致であった。この行動によって、山田は生涯、在野の人になることを運命づけられたとも言える。ベルリンではヴェルクマイスターの母校に入り、カール・レオポルト・ヴォルフに師事し、アカデミックな作曲技法を仕込まれた。この頃までの山田の作曲の模範は、シューベルト、メンデルスゾーン、シューマンあたりであった。

しかし、ベルリンで彼は新知識を得た。ワーグナーに、ついでR・シュトラウスに目覚めた。山田が後に日本語歌劇作りに取り憑かれてゆく根源には、この時代の、ワーグナーやR・シュトラウスのオペラに魅入られた経験がある。山田はR・シュトラウスの『サロメ』や『ナクソス島のアリアドネ』の自作自演に接した。さらにフランスのドビュッシーも知った。シュトラウスには弟子入りさえ願おうとした。が、レッスン料の目も眩む高さに断念せざるを得なかった。とにかく、旺盛な吸収期にあった若者、山田の音楽は、ごく短期間に後期ロマン派、表現主義、印象派の洗礼を受け、革新された。

一九一三（大正二）年には、当時の最先端の様式によって巨大な管弦楽を使いこなし、山田にとっても、日本の近代音楽史にとっても記念碑的な作品となる二つの交響詩、『暗い扉』と『曼陀羅《まんだら》の華』が書かれた。その前には、四楽章仕立てで前期ロマン派のスタイルを持つ、ヘ長調交響曲を完成させてもいた。それは日本人作曲家の手になる初の交響曲になった。「羽衣《はごろも》伝説」に基づき、ワーグナーの『ワルキューレ』の趣向も取り入れた坪内逍遥の戯曲『堕ちたる天女』をミドル・サイズのオペラとして完成させてもいる。この『堕ちたる天女』はワーグナーを意識して歌劇ではなく楽劇と銘打たれた。楽劇の意味するところは音楽と演劇や舞踊との完全なる一体化の理想を達成する芸術分野ということであろう。つまり総合芸術である。交響曲に交響詩。さらに歌劇もしくは楽劇。山田の留学は極めて実りの多いものであった。しかも、山田がドイツで仕立てた作品群は、本格的なものとしては、交響曲も交響詩も歌劇も、日本人作曲家がその種の楽曲分野として初めて作ったと考えてよい。山田は、近代日本の西洋音楽がなかなか手を付けられていなかった器楽の創作においてぶっちぎりで独走し、最先端の領野を独占して、おまけに歌曲の先に歌とドラマの融和をはかって大規模に現れる歌劇でも、同様の成果を示したわけだ。これはもう得意の絶頂である。三菱の岩崎小彌太から資金を引き出し、山師的な青年というありがたくない風評も得ていた山田は、本当に実を得、生み出すべきものを生み出したつもりで、シベリア鉄道経由で、威風堂々、一九一三(大正二)年の一二月三〇日に帰国した。

†行きすぎた西洋近代派

山田は自らの圧倒的アドヴァンテージを日本の楽壇に誇示したかった。自分こそ日本の近代的作曲の第一人者であることを、一刻も早く認めさせたかった。それは、もしもベルリンで作品が演奏され、大家の好評でも得ていれば、活字や写真だけでも証明できたかもしれない。ところが、ベルリンでの山田はそのような機会をつかめないままだった。山田にはやはりお金が足りなかった。『堕ちたる天女』の上演の当てはあったというが、それも山田が多くを負担すればという話だった。山田はベルリンでとりあえず作るべきものは作ったが、その先の展開がなかった。威風堂々と帰国できる時期は、いったん日本に戻ってこざるを得ない時期でもあった。

ドイツで初演できなかった交響曲や交響詩や歌劇を、東京で世界初演し、日本の楽壇の覇権を握り、ヨーロッパでも日本の作曲家として活躍したい。帰国した山田の夢であった。官費で留学して帰国すれば東京音楽学校教授等の官職が約束されて安泰という人生ではなかった。山田の人生はひたすら博打であった。とにかく交響曲や交響詩を演奏すれば、みんな頭を垂れるはず。だが、当時の日本には、それらをすぐに演奏できる環境がなかった。まっとうな管弦楽団は、東京音楽学校と宮内省と陸海軍しか持っていなかった（軍楽隊は、管打楽器だけでなく弦楽器も練習し、自力で管弦楽を編成することができた）。それらは教育や公的行事のためのものだった。東京にも大阪にも、一般聴衆相手に定期演奏会を開くような、職業的オーケストラはなかった。山田が自由に雇えるオーケストラは存在しなかった。

そこで山田が頼りにしたのは、やはり岩崎小彌太である。岩崎がスポンサーになって東京フィルハーモニー会管絃楽部が結成され、山田が指揮して演奏活動を始めた。山田はハイドン、シューベルト、ウェーバー、ワーグナー、ブルッフなどと自作を取り混ぜてコンサートを開いてゆく。一九一四年暮れ、つまり山田が帰国して一年後には、ついにへ長調交響曲や『曼陀羅の華』が初演される。同年夏から第一次世界大戦が始まり、日本も参加してドイツの東アジアでの拠点、青島を陥落させたばかりだったから、へ長調交響曲には『かちどきと平和』というタイトルも添えられた。時局に適った音楽であるかのように演出された。翌一九一五年には大正天皇の即位の大典に合わせ、『「君が代」を主題とせる御大典奉祝前奏曲』を初演しもする。R・シュトラウスばりの大管弦楽を駆使して国歌の旋律を壮麗に鳴らし続ける。

しかし、それで山田はおのれの期待した見返りを得ただろうか。日本で最初に本格的に西洋式巨大管弦楽を使いこなせる作曲家は山田という定評は確かに出来上がった。だが、それだから山田こそ日本楽壇の牽引役という話には必ずしもならなかった。

山田が帰国したとき、宮廷や軍や音楽学校以外に職業的オーケストラが存在しなかったのはなぜか。作りたくとも成り立たなかったからであろう。まだ十分な数の聴衆が大都市部にさえ形成されていなかった。需要がなかった。そこに山田が岩崎小彌太をパトロンにしてオーケストラを作っても、経済的に戻ってくるものはあまりに少なかった。日本人の作曲家がオーケストラ音楽を書く意味も広く共有されにくかった。教養ある限られた聴衆でさえワーグナーやR・シュトラウスやドビュッシー、あるいはスクリャービンがどんな響きの音楽であるか、まだよく分かっていない。山田は、そういうレパートリーと張り合うつもりの、しかも張り合うだけの水準を確かに有してもいる作品を仕立てては、一所懸命に演奏してみせるのだが、暖簾《のれん》に腕押しで、打っても響かないのは、致し方ないところであった。

山田が東京フィルハーモニー会管絃楽部を指揮してベルリン時代のオーケストラ音楽を披露しだした一九一四年は、島村抱月《ほうげつ》の率いる芸術座がトルストイの『復活』を芝居にして、主演女優、松井須磨子の歌う中山晋平作曲の『カチューシャの唄』が大流行した年である。「浅草オペラ」は一九一七年から。『赤い鳥』の童謡運動は一九一八年から。日本の作曲家たちは、山田の先輩も同輩も後輩も、日本の民謡や三味線音楽、あるいは明治時代の日本における西洋的音楽経験を踏まえながら、和洋折衷の様式を基調としつつ、社会と触れ合い、民衆に受け容れられる音楽のかたちを歌の分野を中心に探ろうとしていた。

そこに、日露戦争前の瀧廉太郎はピアノ曲までだったが、自分は交響曲も作れると勝ち誇るように帰朝した山田は、やや異物であった。物凄いのだが日本の文化と社会の現実の丈にあっていない。行きすぎた西洋近代派。尊敬すべきだが、本流をかたちづくるものではない。一九一〇年代の山田は、同時代のジャーナリスティックな楽壇地図の整理学では、しばしばそのように位置づけられた。一九一六年二月、東京フィルハーモニー会は解散に追い込まれる。山田は岩崎小彌太からも見捨てられ、敬すべきだが先走った音楽家として扱われ、膨大な借金も背負い、音楽家としての戦略の立て直しを迫られる。日本の現実を踏まえて、山田の理想は追求され直す必要はあった。

†アメリカから帰国後の「傑作の森」

山田はほとんど逃げるように、一九一七（大正六）年、渡米する。一九一九年の夏まで帰らない。山田のドイツ留学は四年近く。そこに一年半のアメリカ生活が付け加わる。発展期に本当に長く海外に居た音楽家なのである。

山田はこの滞米期をとても有効に使った。先のベルリン時代はかの地での大作の発表にまではつながらず、そこでの言わば勲章の不足が、山田の帰朝後の過度な売り込み的行動につながり、失敗を招いた。アメリカではその経験を活かした。日本の外務省、外交官、在米の日本の実業人と親密にして、幅広く後援を得、一九一八年一〇月と翌年一月の、合わせて二度、ニューヨークのカーネギーホールで、ニューヨーク・フィルハーモニックやメトロポリタン歌劇場のオーケストラの混成メンバーによる臨時編成の交響楽団を指揮し、自作やワーグナーのプログラムで好評を博する。今度こそ山田は確実な勲章を得た。アメリカ人の期待に応えるかたちで、日本の伝統旋律を用いた作品も発表した。俗謡やわらべうたや箏曲などを、独唱曲やピアノ曲に編作した。これは帰国後の山田の音楽活動の大きな伏線にもなる。

山田がベルリン時代に書いた交響曲や交響詩は、とりたてて日本的な楽想を持っていない。歌劇も題材こそ日本の「羽衣伝説」だが、音楽の内容において日本の伝統と深く切り結ぶものではない。交響詩『曼陀羅の華』はミニチュアリスティックで断片的な構成法が日本の短詩型文学や江戸期の工芸品を思わせもするが、響きの質においてはドビュッシーやスクリャービンやR・シュトラウスにつながる。美意識においては日本的だが、具体的には西洋的ということであろう。だからこそ山田は一九一〇年代の日本で、国民的需要から乖離した「西洋派」と呼ばれた。そこには山田の音楽的出自も関係していた。山田の家はプロテスタントのキリスト教徒であり、山田耕筰は東京や横須賀の育ちで、幼少年期の彼の音楽的志向は教会の讃美歌と海軍軍楽隊の奏でるマーチやポルカによって作り上げられたと言ってよい。そのうえ、青少年期の山田の学業を支援した義兄は、日本にやってきたイギリス人の英語教師にして宣教師であり、東京音楽学校での山田の主たる師もすでに見たように「お雇い外国人」である。

明治の都会の日本人には、そのあとの世代よりも、かえって日本的なものから遠ざけられていた傾向を認めることができる。育った環境にもよるのだが。とにかくそれが「文明開化」というものである。山田はあまりに典型的に「文明開化の日本人」であった。彼は日本の民謡や三味線音楽をあまりに知らずに育っていた。それゆえに大正の日本で、この国の人々の求める音から浮き上がった「西洋派」というレッテルを貼られてしまった。中山晋平や本居長世に比べれば、日本人に響くものを持っていない音楽家とされた。

山田が捲土重来《けんどちょうらい》を果たせるか否かは、その部分での劣位をいかに挽回するかにかかっていた。

戦略を練り直すとはそういう意味である。アメリカから帰国した山田は、オーケストラを指揮し、そのための音楽を作曲することも忘れないが、日本の聴衆と接点を持った歌を作ることに努めだす。たくさんの歌曲と童謡が生まれる。

それが先述した一九二二年頃から二七年頃までの歌の傑作の森になる。そこで山田が心がけ、山田を成功に導いたひとつのポイントは、遅まきながらの日本伝統の音感の研究と活用であり、民謡調を織り込んだ『赤とんぼ』もその路線に位置づけられるが、『この道』や『からたちの花』が同様な意味で日本的かというと、そうではあるまい。旋律だけ見れば、相変わらず「西洋派」であり、ロマン派のドイツ歌曲と聴き間違えかねないものであろう。ところがそれは近代日本の抒情歌の代表として今日も愛されている。なぜだろうか。山田の提唱したひとつの日本語作曲法の精髄が、『この道』や『からたちの花』には、実は裏切るところもあるのだけれど、それでもかなり誠実に示されているからであろう。

山田は考えた。日本語歌曲を日本的に創造する道は、中山晋平や本居長世の考えるように日本の五音音階に基づく音感を重視することによってばかり見つかるものではない。なぜならそうした歌はいつまでも「古い日本」の感性ばかりを強調してしまい、近代の新たな日本になじまない。日本的なものは日本の伝統旋律にばかり担保されるとは限らない。日本語を特徴づけるのは、言葉の抑揚である。いわゆる「高低アクセント」である。その上がり下がりに忠実に、しかも近代日本の詩人や演劇人の追求しているリズムやテンポを意識して、旋律を創案してゆけば、その旋律が五音音階か長調か短調か半音階か、といった見てくれと関係なく、近代の日本語の美しさと有機的に結び付く音楽が作り出せる。

そうした方法論を掲げ、それを実践する歌を次々に送り出し、また書店の音楽書の棚を埋めつくす勢いで楽譜のみならず啓蒙的・教育的著作を刊行し続けたことで、山田は「西洋派」のレッテルを返上し、日本の国民音楽創造の本流を行く作曲家としての地位を確立するに至る。

†再評価されるべき作曲家

とはいえ、ベルリン時代からオーケストラ曲やオペラに関心を示し、そうした大規模な音楽でこそ作曲家の本懐は遂げられると信ずる山田にとって、歌曲や童謡が創作のゴールにならないのは明らかであろう。山田は自伝等で、次のような文言を繰り返してゆくことになる。

「我々が、歴史的背景もなく伝統もない純音楽に、いくら努力したところで、我々一代で本物の交響曲を完成しようと望むのは、七歳の子供に分娩を求めるのとひとしい。日本を音楽的に育てるには、純音楽よりは、オペラや楽劇のような劇音楽によるのが捷径だと私は考えた。ロシアの国民音楽もその路を通して樹立されたのだ。まして日本のような純音楽的素地のまったくない土地に、純音楽の種子をいくら蒔いたところで、いい芽生えは得られない」

要するに歌劇である。能や歌舞伎の伝統を持つ国の、近代的国民音楽は、交響曲ではなく、もちろん単なる歌曲ではなく、グランド・オペラでなければならない。作曲家の結論であった。

山田は、歌曲や童謡の「傑作の森」の時代のあと、そこで自家薬籠中のものとした日本語作曲法を尽くし、それとオーケストラを結び付けて、規模の大きな歌劇の作曲に精を出す。器楽から歌への方向転換は、器楽と歌の結びついた歌劇の世界で止揚される。一九三一（昭和六）年にパリで初演されるつもりで、多くがパリで作曲されながら、上演中止となって、帰国後、大阪で披露された、時間は短いが清元や新内と共振する濃密な内容を示す『あやめ』。当初はシカゴでの初演を目指しながら果たせず、結局、一九四〇（昭和一五）年に東京で「皇紀二六〇〇年」の奉祝の機会を得て初演にこぎつけた、幕末の日米関係を背景に和洋折衷の実とは挙がりうるものか否かを問い詰める大作『黒船』。「大東亜共栄圏」の完成の暁に、北京で、「大東亜共栄圏」の共通語になる予定の日本語によって初演するつもりで、太平洋戦争中に精力的に作曲されながら、ヴォーカル・スコアが完成したのは敗戦翌々年で、ついに作曲家の生前、初演まで辿りつかなかった、清朝の時代の中国を舞台に広く諸民族の音楽語法に目配りした『香妃《シャンフェイ》』。この三つの歌劇が山田の作曲家人生のクライマックスであり、山田の音楽の演奏や鑑賞や研究は、そこに焦点が当たってゆくのが当然と、筆者は考えるが、現実は今日も「日本のシューベルト」の方が、依然として山田理解の主流であるかもしれない。

山田は、シューベルトが歌だけでない作曲家として知られ直していったのと同様のプロセスを辿って、再評価されるべき作曲家である。そのためには最後の大作である歌劇『香妃』（オーケストレーションは團伊玖磨に委ねられたとはいえ、ヴォーカル・スコアまでは本人がすべて完成させているのだから、これはもう山田の作品として立派にそれなりに仕上がっているものと言ってもよい）までの創作の軌跡が、大きな歴史的文脈と音楽の細部との連関においてつかまえられなくてはならない。今後の課題である。

山田が東京の成城の自宅で逝ったのは、一九六五（昭和四〇）年も押し詰まった師走の二九日のことだった。享年七九。

さらに詳しく知るための参考資料

文献

後藤暢子、團伊玖磨、遠山一行編『山田耕筰著作全集』（岩波書店、二〇〇一）……膨大な著述を集成しており、山田を知るひとつの基礎を成す。とはいえ、作曲家は自らの音楽作品を広めるためには、言葉は何とでも使う生き物であって、その意味で楽譜の方が比較にならぬほど重いということは言うまでもない。

後藤暢子『山田耕筰――作るのではなく生む』（ミネルヴァ書房〔ミネルヴァ日本評伝選〕、二〇一四）……山田を「日本のシューベルト」としてとらえる長年の伝統の頂点に立つ名著である。

音源（CD）

日本作曲家選輯『山田耕筰（一）』（ナクソス、二〇〇三）……湯浅卓雄指揮するアルスター管弦楽団と二ュージーランド交響楽団の演奏で、ベルリン時代の四つのオーケストラ作品、すなわち、序曲ニ長調、交響曲へ長調『かちどきと平和』、交響詩『暗い扉』及び『曼陀羅の華』を収録。

日本作曲家選輯『山田耕筰（二）』（ナクソス、二〇〇六）……湯浅卓雄指揮する東京都交響楽団の演奏で、長唄交響曲『鶴亀』、交響曲『明治頌歌』、舞踊交響曲『マグダラのマリア』を収録。『鶴亀』は三味線音楽に対する山田の閃きの産物。『明治頌歌』は雅楽の響きに霊感を得ているうえ、オーケストラに雅楽の楽器の篳篥を独奏楽器として本当にくわえてしまっているところがとてつもなく実験的。『鶴亀』や『明治頌歌』の表現は、オペラの『あやめ』や『黒船』につながっている。

『戦後作曲家発掘集成』（日本コロムビア、二〇一五）……山田耕筰が戦後に自ら指揮した歌劇『黒船』が全曲ではないけれど、かなりまとまった分量、収録されている。

※『あやめ』と『香妃』については過去に音源が発売されたことはない。

映像（DVD）

映画『新しき土』（IVC、二〇〇九）……一九三七年の日独合作映画。アルノルト・ファンク監督。山田は映画音楽の分野でも日本のパイオニアであり、この映画の音楽も担当している。全編にわたって豊富に作曲しており、山田の全創作分野を通じての代表作のひとつであろう。山田は、この映画音楽から、演奏時間が三〇分強になる大規模な演奏会用管弦楽組曲を編んでいるが、その楽譜は一部しか残っていない。山田研究を阻むのはこの種のさまざまな欠落である。

映画『ここに泉あり』（紀伊國屋書店、二〇一三）……一九五五年の映画。山田は「山田耕筰」の役で演技している。ときに自ら歌い、踊り、演出もするのが、山田耕筰という人で、オペラに収斂するのがいかにも自然な「総合芸術的性格」を一身に具現していた。この映画での芝居も味わいに富む。

第16講
西條八十――大衆の抒情のために生きた知識人

筒井清忠

大正から昭和前期の時代は日本の詩・歌の世界に大きな変化が起きた時代であった。それは日本の歴史の中でもまれに見る大きな変化の時代であったとも言える。しかし、その意義はまだあまりよく知られていない。

まず、文語文から口語文へとほぼ全体が変わることが進んでいったことだけでも大変な変化だった。次に、童謡というものが現れ、子供向きの歌に詩人の大きなエネルギーが注がれたことも世界に例を見ないことだった。それは続いて地方の歌の変化として現れ日本中を覆う新民謡の時代となる。日本の地方の歌にこれほど大きな変化が起きたことはかつてなかった。

そしてそれは、各学校・地域・都市・会社・組合などあらゆる集団に歌が作られ歌われる時代を招き寄せた。それと並行して、新聞・雑誌・映画などに連動して歌が作られレコード・ラジオを通して広く歌われてゆくという時代が続き今日につながることになる。また、それはマスメディアの巨大な台頭・変化が見られ多くの人がその渦中を生きたということでもあった。

驚かされるのはこの巨大な変動の中心にいて、それを領導したのが一人の詩人だったということである。それが西條八十《さいじょうやそ》であった。この巨人はどこから現れどのようにしてそれを行い、どのような軌跡を残したのか、以下それを明らかにしていこう。

†詩人としてのデビューまで

西條八十は一八九二年一月一五日、東京牛込払方町《うしごめはらいかたまち》に生まれた。六人兄弟の二男であった。家はもともと質屋だったが、一八八〇年から石鹼製造業を始めている。坊っちゃんとして育ったが、食事は職人とともにするなど庶民的気風の中に育った。寄席に親しんだが、他方では石鹼・香水のレッテルと遊んだところから西洋趣味の芽生えが見られ教会にも通ったのだった。

文学趣味は泉鏡花らに親しんでいた姉兼子によって培われた。この姉への思慕から終生女性への思慕の念を抱き続ける。一九〇四年、早稲田中学に入学、三年の時に、英語教師吉江喬松《よしえたかまつ》（孤雁《こがん》）が赴任してきた。吉江は『新古文林』などで活躍していた文学者であった。その影響下に、明治末期の当時の青年を襲った石川啄木のいう「時代閉塞の現状」の中を「煩悶青年」の一人として過ごす。

そこで出会ったのが「野口雨情」だった。野口の語感を重視する素朴な民謡風の詩に感動したのである。一九〇九年、吉江が英文科講師として着任していた早稲田大学英文科予科に入学するが、吉江に野口への紹介を頼んだほどであった。この年秋に失恋し、翌年から奈良の姉夫婦の下にしばらく滞在しその傷を癒すことになる。古都奈良も抒情を培う一つの礎となった。

一九一一年、早大予科に再入学、同時に東大選科にも入学した。そして一九一二年、詩「石《せっ》階《かい》」を『早稲田文学』に発表、一九一三年には三木露風を中心とした詩人結社「未来社」の同人となった。同年、北原白秋は巡礼詩社を興したので、日本の詩人の世界では三木露風派と北原白秋派が対立する白露時代となった。八十は三木露風派に与することになったわけだが、北原白秋派からは萩原朔太郎、室生犀星らが登場し、三木露風は衰退するのでこれは八十にとって不利な事態だった。

一九一四年、兄が失踪、家の資産問題が起き、一家四人の生計主として生活の困窮に追い込まれた。翌年、早大英文科を「シング論」を卒業論文として卒業するが、結婚しても天ぷら屋を経営せねばならないという苦境は続いた。建文館という出版社で『英語之日本』という雑誌を執筆・編集するのが生活の支えの一つであり、得意であった英語力を活かし何とか生きたのだった。魚河岸に毎日仕出しに向かうこの天ぷら屋生活こそが庶民性の根源となった。それはたんなる同情心ではなかった。

一九一八年、長女嫩子《ふたばこ》が誕生した夏、鈴木三重吉が来訪、児童向

西條八十（1892-1970）

き雑誌『赤い鳥』への執筆を依頼され『かなりや』を発表した。これは翌年、成田為三《ためぞう》により作曲され、日本最初の歌曲付き童謡となった。また、同じ年、『かなりや』を含む第一詩集『砂金《さきん》』を刊行、本格的に詩人としてデビューすることとなった。

†白秋・雨情・八十の童謡運動

この年、郷里茨城に引っ込んでいた野口雨情に八十は上京を促し、雨情は上京、童謡を書いて活躍を始める。この頃、北原白秋も多くの童謡を書き童謡運動は活発化、童謡界は「白秋・雨情・八十の三巨星時代」を迎える。

童謡運動は一九一八年に鈴木三重吉が『赤い鳥』を創刊したことを嚆矢《こうし》とするが、翌年『金の船』（後『金の星』）、一九二〇年には『童話』も刊行され、大正期の文化ひいては日本人の音楽的抒情性を変える巨大な文化運動となる。

北原白秋は『赤い鳥小鳥』（一九一八）をはじめ『雨』、『あわて床屋』、『ゆりかごの唄』、『砂山』、『アメフリ』などを、野口雨情は『七つの子』（一九二一）、『赤い靴』、『青い眼の人形』、『黄金むし』、『シャボン玉』、『兎のダンス』、『証城寺《しょうじょうじ》の狸囃子《たぬきばやし》』、『あの町この町』、『雨降りお月さん』などを、八十自身も『かなりや』のほか『お山の大将』、『風』、『肩たたき』、『鞠と殿さま』、『月と母』などを次々に発表した。

一九二一年に赤い鳥社から赤い鳥に掲載した童謡をすべて集めた童謡集『鸚鵡《おうむ》と時計』を刊行したのと前後して八十は『赤い鳥』から去るが、その背後には北原白秋が八十を嫉妬してひどく排撃していたことがあった（後に二人は共同作業をするが）。

しかし、他の童謡雑誌での活動は続け、そこで八十を師として学んだのが金子みすゞであった。一九二三年以来八十が選評する雑誌に投稿し八十を慕っていた金子みすゞは、一九二七年五月二四日午前七時三五分頃門司駅で八十と一度だけ邂逅している。今日みすゞの詩は教科書に採用されるなど広く親しまれているが、童謡運動において八十の残した最大の成果は金子みすゞを育てたことであったかもしれない。

大正期童謡運動全体の評価として重要なことは、それが明治期における上からの西洋音楽強制へのバックラッシュとしてあったということがあげられるであろう。明治になって禁圧されたわらべ唄につながる伝統的要素が、上からの西洋音楽の強制に対する反発をバネとして大正後期に大きく庶民の側から立ち上がり昭和前期の日本的なものの復権の背後に控えることになったのである。これが昭和前期の下からのナショナリズムの一つの基礎となったのである。それは感性的なものだけに強力であった。

†詩壇から歌謡曲界へ

一方、一九二〇年には抒情詩集『静かなる眉』を刊行、折から増大した高等女学校生徒対象の少女向きロマン主義文化の文化的中心スターに八十はなっていく。そして、翌年には早稲田大学英文科講師、さらには早稲田大学仏文科講師となり生活は安定して行った。ところが、フランス語力はそれほど十分ではなかったのに教授の恩師吉江喬松の指示によりやらされたことで苦労し講義の準備に憔悴しきり妻から退職を勧められる有様であった。

一九二三年、関東大震災が起き、上野の山で避難している人たちがハーモニカを吹く少年に癒やされるのを目撃して大衆歌謡の意義を確認するという劇的体験を経る。しかし、二女慧子《けいこ》が疫痢で病死し、精神的に大きく疲労したため翌年、傷心を癒すためパリに出発した。ソルボンヌ大学でフランス詩史を研究したが、この時の経験が映画『巴里の屋根の下』の主題歌の詩に生きる。

一九二六年帰着し、早大仏文科助教授となった。

一九二九年、『東京行進曲』(中山晋平作曲)を発表、雑誌連載小説(『キング』)・映画・レコードのメディアミックスで空前の大ヒット曲となった。しかし、それだけに反発も極めて多く新聞・ラジオでは激しい論争が行われたほどであった。

八十が詩の世界から歌謡曲界へ踏込んだ要因として詩壇への大きな失望があったことがあげられるであろう。簡単に言うと明治以来日本の詩の世界は西欧の詩の輸入紹介・翻訳に明け暮れしていて、この頃はシュールリアリズムやダダイズムなどが紹介されていたが、当時の普通の日本人の感性などとは何も関係のないようなものになっており、庶民に近かった八十にはそれが我慢できなかったわけである。そうした八十の気持ちは、地獄にいる親に死骸を持っていくというペシミスティックな詩『蝶』に窺える。

さて、庶民の立場に近かった八十は、少女向き詩集に続き『少年詩集』も刊行するなどした後、新民謡運動に船出する。一九三〇年、大阪朝日新聞連載の単行本化『民謡の旅』を刊行するが、それは危険な谷や山奥を訪ねた民謡採訪旅行記で、ほとんどなくなりつつある古い民謡を記録・保存した貴重な記録であった。そして、その背後には一九二八年の『甲州小唄』に始まり『伏見小唄』『三次《みよし》小唄』等中山晋平とのコンビによって作られた新民謡の連作があった。

†三大童謡詩人が新民謡運動へ

そこで、ここでは新民謡運動について記さねばならない。これは一九一九年、野口雨情が開始したものである。一九二一年に八十も「民謡精神と民族運動」を執筆、チェコ・スロバキアやアイルランドなどの民族運動の背後にそれがあるのを指摘したのだった。翌年白秋も『日本の笛』を書き、こうして三大童謡詩人がこぞって新民謡運動に参じることになったのだった。

一九二三年、雨情作詞・中山晋平作曲の『須坂《すざか》小唄』が作られ、雨情は『磯原節』、『三朝《みささ》小唄』『波浮《はぶ》の港』などを作り、白秋は『ちゃっきり節』を作る。一九二八年には日本民謡協会が設立され、雑誌『民謡詩人』が創刊される。続けて長田幹彦の『祇園小唄』『天龍下れば』も作られ、それは大きな運動となって日本全体を包みこんで行ったのであった。

そしてさらに、それはほとんどの都市町村が歌を持つという全国的地方歌のブームとなり、さらに学校・会社・組合などほとんどの集団が歌を持つ集団歌ブームに至る。カラオケを生み出したように日本は世界でもめずらしい集団歌謡王国なのだが、その起源はこの八十らの運動にあったのだった。

八十は、新民謡に関しては次のように言っている。江戸時代以来の古民謡は歌詞がほとんど同一で高い共通性を持っている。「めでためでたの若松さまよ」という歌詞は日本中の民謡に入っている。その土地独自の景趣や人情を詠ったものが極めて乏しいのだ。新民謡が初めてその土地独自のものを歌ったのである。近代の方が地域的差異化を希求したからであり、それは「民衆の大逆襲」（藍川由美）なのであった。前近代社会の方が共通性が高く、近代社会の方が地域的独自性を望みそれが高いというのは当然のことなのだが、近代社会の方が統合性・画一性が高くなるという観念的図式では歴史・社会の実像がとらえられない典型例だといえよう。

†最大の流行歌『東京音頭』を作詞

一九三一年、早大仏文科の教授となるが、流行歌作詞家との二足の草鞋は大変であり、当時の大学人の閉鎖性を考えるとかなり危険な位置にいたことは容易に想像できるであろう。

同年、『侍ニッポン』を作詞、歌詞の「昨日勤王、明日《あした》は佐幕」は転向者の心情を歌ったとも言われるが、二足の草鞋をはく八十の心情を歌ったと見た方がいいだろう。この年、満州事変が勃発したが、翌一九三二年発表された『満州娘』『塹壕の夢』は平和への夢を表わしたものだった。

同じ頃、犬養首相が暗殺された五・一五事件が起きるが、実は五・一五事件の前後に起きた坂田山心中事件の方が大衆の関心を呼ぶところがあった。坂田山心中事件は『天国に結ぶ恋』のタイトルで映画化され八十はその主題歌の作詞をしているが、これは批判を避けるためペンネームで発表された。それでも雑誌で激しく批判されており大学人の大衆向きの仕事には当時それほど理解が乏しかったのである。八十は大学人としては極めて危ない位置にいたのだった。

この年、『涙の渡り鳥』(佐々木俊一作曲)、翌年、『サーカス(曲馬団)の唄』とヒット曲を連作したが、それらを遥かにしのぐ大ヒット曲となったのが『東京音頭』であった。〝昭和八年の夏は東京音頭の夏〟とも言われるくらいであった。江戸・東京には盆踊りがなく、永井荷風などはそれを嫌っていたのだが、近代化とともに多くの地方人が東京に移住し、彼らが地元にはあった盆踊りが東京にないのをさみしく感じていたところに登場したのが大ヒットの大きな原因であった。

すなわち、それは地方の盆踊りの東京化であり、東京の「ふるさと化」なのであった。今日、八十の作ったものには忘れられたものが多いが、プロ野球ヤクルト球団の応援歌として今でも歌われ、夏の盆踊りでも踊られ、未だに歌い継がれている数少ない曲がこれである。

一九三四年、改正出版法が公布され、蓄音機・レコードの取締り制度が発足、段々と流行歌はつくりにくくなっていく。また、一九三五年には所属レコード会社をビクターからコロムビアに移籍するが、作曲者に比べると作詞者の印税があまりにも低くその待遇改善のためであった。

†日中戦争と従軍体験

一九三六年は二・二六事件の起きた年だが、八十は『花言葉の唄』という女性向きの歌を作り、ベルリン・オリンピックの観戦記を読売新聞と朝日新聞に書いている。また、のどかなところも結構あったのだ。しかし、一九三七年、日中戦争が勃発するとそうも行かなくなる。八十は中国戦線に従軍するのである。その成果は翌年『戦火にうたふ』にまとめられるが、『友の遺骨を負うて』『長江深夜の歌』『紅き夕雲』『大学の庭にて』など、兵隊たちの厭戦気分が正直に表現されている詩が勇ましい歌の中に挟まれていることに驚かされる詩集である。

一九三八年に発表された松竹映画『愛染かつら』の主題歌『旅の夜風』は「プレスが間に合わないほど売れた」と言われる大ヒット曲となった。とくに女性に愛唱されたが、主人公の看護婦高石かつ枝像は当時の女性の一つの理想像となる。それは働く女性なのであった。

従軍時、揚子江の戦場で軍楽隊の演奏を聴く八十。右隣は山田耕筰（筒井 2005）

一方、『支那の夜』も広く好まれたが、中国の文化を礼賛するそれは庶民の日中戦争観の一面を表したものでもあった。中国と戦争しながらアジア主義的連帯イメージも保持しようとしていたのである。八十も詩『愛の聖戦』で「となり同志の国と国　なんで戦《いくさ》がしたからう」「四百余州の　同胞と」と歌っている。

しかし、この年、二度目の従軍をすることになる。九月出発、「中支戦線」で、古関裕而・佐伯孝夫らが一緒であった。林芙美子に会うなどしたが、九死に一生の危険な体験をして上海に引き上げ藤田嗣治に会い、山田耕筰と漢口へ行った後、一二月帰着した。過酷な戦場からの離脱は後ろめたさを抱かせることになったようだ。

一九三九年、松竹映画『新女性問答』の主題歌『純情の丘』を書き、『純情二重奏』（同名松竹映画主題歌）も書いた。いずれも若い女性むきの抒情歌だが、このころ実は少女向き文化の変化が起きており、「清純さ」「ロマンチック」に対して「雄々しさ」「産業戦士」が求められるようになっていた。それは八十的抒情性とは正反対の極にあるものであり、八十には創作しにくい環境が作られつつあったのである。

この時期、新聞社などが歌詞を募集し入選されたものが作曲される「選定歌」の時代となっていたが、八十は北原白秋とともにその選者に選ばれることが多かった。しかし、地域の独自性を表したよい歌詞も軍人に認められないことが多く、二人は憤慨したが軍人の意向には抗し得なかった。一九四〇年の『誰《たれ》か故郷を想はざる』は外地・戦地からヒットし内地で全国化するというめずらしい経緯を持ったヒット曲で戦後もよく歌われた歌であったが、「ひとりの姉が嫁ぐ夜に……泣いた涙のなつかしさ」とは八十自身の体験であった。

東宝映画『支那の夜』の主題歌『蘇州夜曲』は美しい曲であった。服部良一の作曲だが、日米中の混交文化が形成された所に一つの特色があり、太平洋戦争中は禁止されたが、戦後NHKラジオ『真相はかうだ』のテーマ曲になっている。橋本治はこれを「永遠の名曲」「日本歌謡界の最高峰」とまで言っており、アジアの国ではスタンダード・ナンバー化している所もあるという。

†太平洋戦争と『同期の桜』

一九四一年一二月八日、太平洋戦争が開始されるが、同月発売された八十作詞のレコードは『我輩は猫である』『草枕』であった。漱石の作品を流行歌にしたわけで、開戦劈頭にしてはずれた感じであった。

翌一九四二年には、『打倒米英』、『マレー沖の凱歌』、『陥したぞシンガポール』など時勢に合わせた軍歌も作っているが、反面『千曲の朝霧』、『女の旅唄』、『迎春花』、『文鳥』、『乙女は夢みる』、『夕月乙女』、『高原の月』、『ふるさとの灯』などの女性向け歌謡をいくつも作っている。ただ、それらも戦意高揚の歌詞の中に巧みに平和な時代への郷愁を感じるという風に織り込まないと作れないという状況に置かれていた。

同年五月には日本文学報国会が結成され、詩部会の幹事長となっている（会長高村光太郎）。しかし、八月に発表された『野末の十字架』は「戦《いくさ》にたふれし　イギリス兵士を　憐れみ築きし　この墓やさし……想へば、哀れや、異国のますらを」というものであり、太平洋戦争中に作られた詩として敵英米兵士を讃えた例外的作品であった。

一二月には『湖畔の乙女』を作っているが、「清い乙女の　ふるさとは……越えて帰へるはいつの日ぞ」と歌う戦時色の全くない抒情的作品であり、地方の工場で働く女子従業員は涙を浮かべてレコードを聴いていたという。

一九四三年、八十の軍歌の中でも戦後も歌われた歌の一つ『若鷲《わかわし》の歌』が出る。東宝映画『決戦の大空へ』の主題歌で、霞ヶ浦の海軍航空隊の飛行予科練習生のことを歌った歌であった。作曲する古関裕而とともに現地を訪れて作ったが、戦後甲子園の高校野球の歌「栄冠は君に輝く」を作った古関裕而らしい作品であり、何か戦後のスポーツ友情歌的作品に通じるところがあるのが特色であった。

一〇月には学徒出陣が行われ八十は壮行会に早稲田大学の仏文科長であったため先頭に立って行かざるをえなかった。学生たちを送り出す悲しみは詩『学徒出陣におくる』に満ちている。

一九四四年一月、茨城県下館《しもだて》に疎開する。

この頃に歌われ始め戦後もずっと長い間歌われたのが『同期の桜』である。これは長い間誰が作ったのかわからず、これがわからない間は戦争が終わったことにはならないとまで言われたものであった。

海軍兵学校七一期生帖佐裕《ちょうさひろし》が日曜日の下宿で聞いたレコードをもとに作詞したことまではわかったのだが元歌がわからず、自分が作詞者と訴えて裁判まで起こす人もいた。しかし、これは今日、八十の作詞と確定している。八十が一九三八年に少女倶楽部に載せた詩『二輪の桜』が『戦友の歌』としてレコードになり、それを帖佐裕ら多くの人が改作して『同期の桜』となったのだった。

しかし、現行第三連「仰いだ夕焼け　南の空に　いまだ還らぬ　一番機」は八十作品にはなく、あらためてレコード化するとき八十は「うまい」と褒めている。〝改作、バリエーションがあるのが「歌謡」〟だと大岡信は述べているが、日本歌謡の伝統の上に現れた歌だったわけである。

一九四四年一二月、『比島《ひとう》決戦の歌』を作り、八月、広島に行くのを病気で中止したところで原爆が落ちた。終戦とともに早大教授を辞職させられるが、これは同僚の教授谷崎精二の「策動」によるものであった。谷崎らは活躍する八十をついに終戦期に追い落としたのである。

一方、八十には戦後、戦争協力問題も持ち上がるが、歌謡というものがあまり重視されないということなどもあり、追放の憂き目には遭わず戦後を生きることになった。

†生命の燃焼感を表現する

戦後数年間、『麗人《れいじん》の歌』、『悲しき竹笛』、『旅役者の唄』『三百六十五夜』など相変わらずヒットを放ち続けていたが、一九四九年にまたもや大ヒット曲を生み出した。『青い山脈』がそれである。久世光彦《くぜてるひこ》は「私たちは一つの歌で、突然立ち上がったのだった。それが『青い山脈』だった」と同時代の感想を語っている（『マイ・ラスト・ソング』）。「若く明るい歌声に」という歌詞ほど戦後民主主義の心情にぴったりときたものはなかった。この曲はかなり長い間日本人の最も好まれた歌のアンケートベスト1であった。

一九五〇年以降にも『山のかなたに』『赤い靴のタンゴ』とヒット曲を続け、『越後獅子の唄』のように戦後を代表する歌手美空ひばりの曲も何曲も作っている。

そして、一九五一年以降は、朝鮮特需景気に乗って『トンコ節』が流行、さらに『芸者ワルツ』がヒットする。これらの中には〝放送禁止〟になるものもあったが、それらの批判に対して八十は〝日本歌謡の伝統〟に生きる自己を見つめていたのだった。大衆の歌う日本歌謡は〝無常感と生命の燃焼感〟とのつながりを重視するのであり、その伝統の中に生きていた八十にとってそうした〝生命の燃焼感〟の表現は当然のことなのであった。八十が座右の書としたのはすべての日本歌謡をまとめた書、高野辰之編『日本歌謡集成』であった。

その後も、『丘は花ざかり』、『伊豆の佐太郎』、『白鷺三味線』、『この世の花』、『江戸の闇太郎』、『江戸っ子寿司』、『別れたっていいじゃないか』とヒット曲を出し続け、また、日本音楽著作権協会会長を務め、音楽著作権の確立にも努めた。

そして、一九六一年に作った最後の大ヒット曲『王将』は一〇〇万枚を突破し通算三〇〇万枚となり、日本レコード史上最高記録を樹立することになった。亡き妻晴子への思慕を阪田三吉の妻〝小春〟に歌い込んだこの歌は今日〝高度成長期の庶民の応援歌〟と言われている。

その後、一九六〇年代中葉に訪れた最後の大衆的青春抒情歌謡時代に、その中心人物舟木一夫のために『花咲く乙女たち』、『絶唱』、『夕笛』を書き、一方一九六七年、学術書『アルチュール・ランボオ研究』を刊行するなどしたが、一九七〇年、レコード使用の際の著作者への権利を確立する旨を織り込んだ新著作権法を成立させた後、死去する。

†知識人としての生涯とその役割

最後に二つの点をまとめとして見ておきたい。

八十の生涯が、知識人と大衆メディアの関係を考える上での典型的で先駆的なモデルを提供するものであったことは容易に見て取れよう。そして、大学アカデミズムから大衆メディアに出て行く最前線を担うことになった八十はそれだけに激しい非難や攻撃を受け、結局最後は辞職にまで追い込まれたのだった。名目は何であれそれが前代の知識人による興隆する大衆文化に対する防衛措置であったことは明白であろう。

現在、大分状況は変わり、大衆メディアへの登場が問題にされるような時代ではなくなったようにも見られる。むしろそれが「社会貢献」・大学の宣伝として歓迎される場合もあるようだ。しかし、一方ではアカデミズムの閉鎖性がなくなったわけではなく、例えば内容によるのではなく発表の形式による差別をすることなどがまだあるようだ。それにしても、結局、こうした閉鎖性が導いたのが（当否は別にして）人文系の学問の社会的不要論であり、少子化の中、大きく言えば八十を追い詰めた側がやはり現在追い詰められつつあると言えよう。

むしろ問題は、現代のマスメディア知識人と八十の乖離にあるだろう。知識人を①学識ある総合的知識人、②細分化された専門に終始する大学の専門知識人、③マスメディアで仕事をするマスメディア知識人に分けた場合、巨人八十は一つの①の総合的知識人であったと同時に、②専門知識人であり、そして②の蓄積をたたえながら③マスメディア知識人の世界に出て行ったのだった。

八十の時代と異なり、現在のマスメディア知識人は主にテレビが出現してから現れた人々の後裔であり、視聴率や活字媒体の売り上げ、ネットの引用回数等を最も気にする人たちである。彼らに②のレヴェルを維持しながら学識を込めて大衆の前に現れた八十のような人はほとんどいないように見受けられる。

八十が高野辰之編『日本歌謡集成』を暗誦できるほど打ち込んで大衆歌謡を作ったような姿勢がマスメディア知識人に感じられるようになった時、新しいタイプの総合的知識人の登場も期待できるかもしれない。マスメディア知識人のあり方が先駆者八十を軸にして問われているのである。

次に、八十の担った役割という視点から、八十は何者であったかをはっきりさせておきたい。

大正期からの日本社会はそれまでと違った識字層・中等教育受容層を生み出していた。明治末期には中等教育受容層は一六％しかなかったが、一九二六年には倍の三二％となっている。それはさらに拡大し太平洋戦争直前の一九四〇年には四六％となる。大衆社会化とともに現れたこれらの層に向けた詩や歌や映画や小説が必要とされる時代が到来していたのである。八十のかかわったすべての仕事はそうしたものだった。中等教育受容層を中心に広範な人々を慰め励ます仕事が必要とされ、そこに八十は呼び出され最大限に活躍したのだった。

八十は、あらゆるジャンルで先頭を切りそれに従事していった。戦犯になりかねない危ない局面もあったが、この時代、大衆に寄り添っていくということはそういうことだった。大衆とかけ離れたところにいて芸術の孤高性を誇ったり亡命して国際性を誇るなどは八十には考えられないことだった。そして、それが『青い山脈』のような戦後民主主義を代表する歌を作ることも可能にしたのだった。大衆のための抒情主義を生きたという意味で、八十は「大衆化されたロマン主義」の中心人物だったといえよう。そして、その仕事の深さと広さはまだ十分には理解されておらず、これからようやく本格的に検討されるのではないかと思われるのである。

さらに詳しく知るための参考文献

西條八十『西條八十全集』全一七巻・別巻（国書刊行会、一九九二〜二〇一四）……基本的著作をまとめた全集。詩・歌などは一万を超すと言われておりあまりにも作品数が多いため全部を収めるのは不可能であった。その点、別巻の著作目録は便利である。

筒井清忠『西條八十』（中公叢書、二〇〇五／中公文庫、二〇〇八）……本講のもとになった初めての本格的伝記研究。大正・昭和の大衆文化史であると同時に大正・昭和期知識人論でもある。

筒井清忠編『西條八十と昭和の時代』（ウエッジ選書、二〇〇五）……山折哲雄、久世光彦、丘灯至夫、西条八束各氏（後二者は夫妻）にインタビューし、藤井淑禎、川本三郎、関川夏央各氏と編者が行った座談会をまとめたもの。各界で活躍した西條八十の多面的な像が興味深く語られている。亡くなった方も多く貴重な資料でもある。

上村直己『西條八十とその周辺　論考と資料』（近代文芸社、二〇〇三）……初期の作品についての考証が有意義である。

西條八十『あの夢この歌――唄の自叙傳より』（イヴニングスター社、一九四八）／『西條八十　唄の自叙伝』（日本図書センター、一九九七）……自身の回想記。扱っているのが戦前のある時期までである。『あの夢この歌』（新東宝、一九四八）として映画化されている。

西條嫩子『父西條八十』（中公文庫、一九七八）／新版『〈かなりや〉をつくった西條八十　父西條八十』（ゆまに書房、一九九八）……娘嫩子の回想記。人物像を深めるのに役立つ。西條嫩子『父西條八十は私の白鳥だった』（集英社文庫、一九九〇）もある。

西條八束『父・西條八十の横顔』（西條八峯編、風媒社、二〇一一）……子息八束の回想や資料をまとめたもの。叙述は家族の側に偏らず公平であり、写真など資料も多く研究上欠かせない。

編・執筆者紹介

筒井清忠（つつい・きよただ）【編者／まえがき・第16講】
一九四八年生まれ。帝京大学文学部日本文化学科教授・文学部長。東京財団政策研究所上席研究員。京都大学大学院文学研究科博士課程単位取得退学。博士（文学）。専門は日本近現代史、歴史社会学。著書『昭和戦前期の政党政治』（ちくま新書）、『戦前日本のポピュリズム』（中公新書）、『昭和史講義』『昭和史講義２』『昭和史講義３』『昭和史講義【軍人篇】』（編著、ちくま新書）、『近衛文麿』『日本型「教養」の運命』（以上、岩波現代文庫）など。

＊

牧野邦昭（まきの・くにあき）【第1講】
一九七七年生まれ。摂南大学経済学部准教授。京都大学大学院経済学研究科博士後期課程修了。博士（経済学）。専門は近代日本経済思想史。著書『経済学者たちの日米開戦』（新潮選書）、『戦時下の経済学者』（中公叢書）、『柴田敬』（日本経済評論社）、『昭和史講義』『昭和史講義２』（共著、ちくま新書）など。

苅部 直（かるべ・ただし）【第2講】
一九六五年生まれ。東京大学法学部教授。東京大学大学院法学政治学研究科博士課程修了。博士（法学）。専門は日本政治思想史。著書『光の領国　和辻哲郎』（岩波現代文庫）、『丸山眞男』（岩波新書）、『秩序の夢』（筑摩書房）、『「維新革命」への道』（新潮選書）、『日本思想史の名著30』（ちくま新書）、『日本思想史への道案内』（ＮＴＴ出版）など。

佐々木 閑（ささき・しずか）【第3講】
一九五六年生まれ。花園大学文学部仏教学科教授・文学部長。京都大学大学院文学研究科博士課程単位取得退学。博士（文学）。専門はインド仏教の戒律、仏教哲学。著書『出家とはなにか』（大蔵出版）、『インド仏教変移論』（大蔵出版）、『科学するブッダ』（角川ソフィア文庫）、『ごまかさない仏教』（宮崎哲弥氏との共著、新潮選書）、『大乗仏教』（ＮＨＫ出版新書）など。

赤坂憲雄（あかさか・のりお）【第4講】
一九五三年生まれ。学習院大学教授。福島県立博物館館長。著書『柳田国男を読む』『異人論序説』『排除の現象学』（以上、ちくま学芸文庫）、『岡本太郎の見た日本』『性食考』（岩波書店）、『象徴天皇という物語』（岩波現代文庫）、『境界の発生』（講談社学術文庫）、『山の精神史』（小学館ライブラリー）など。

千葉俊二（ちば・しゅんじ）【第5講】
一九四七年生まれ。早稲田大学名誉教授。早稲田大学大学院文学研究科博士課程単位取得退学。専門は日本近代文学。著書『谷崎潤一郎』『エリスのえくぼ』（小沢書店）『物語の法則』『物語のモラル』（青蛙房）『文学のなかの科学』（勉誠出版）、編著書『潤一郎ラビリンス』（全十六巻、中公文庫）『谷崎潤一郎の恋文』（中央公論新社）など。

前田雅之（まえだ・まさゆき）【第6講】
一九五四年生まれ。明星大学人文学部教授。早稲田大学大学院文学研究科博士後期課程単位取得退学。博士（文学）。専門は古典学。著書『保田與重郎――近代・古典・日本』（勉誠出版）、『なぜ古典を勉強するのか』（文学通信）、『書物と権力――中世文化の政治学』（吉川弘文館）、『画期としての室町――政事・宗教・古典学』（編著、勉誠出版）など。

藤井淑禎（ふじい・ひでただ）【第7講】
一九五〇年生まれ。立教大学名誉教授。立教大学大学院文学研究科博士課程単位取得退学。専門は近現代日本文学・文化。著書『純愛の精神誌』（新潮選書）、『清張　闘う作家』（ミネルヴァ書房）、『漱石文学全注釈――こころ』（若草書房）、『名作がくれた勇気』（平凡社）など。

伊東祐吏（いとう・ゆうじ）【第8講】
一九七四年生まれ。文芸評論家。著書『「大菩薩峠」を都新聞で読む』（論創社）、『戦後論――日本人に戦争をした「当事者意識」はあるのか』（平凡社）、『丸山眞男の敗北』（講談社選書メチエ）、『無学問のすすめ』（ちくま新書）。

牧野 悠（まきの・ゆう）【第9講】
一九八一年生まれ。帝京大学理工学部総合基礎科目専任講師。千葉大学大学院人文社会科学研究科博士後期課程修了。博士（文学）。専門は日本近現代文学。論文「五味康祐「喪神」から坂口安吾「女剣士」へ――剣豪小説黎明期の典拠と方法」（『日本近代文学』第七八集）、「歴史をあざむく陰のわざ――柴田錬三郎と山田風太郎の忍法小説」（『昭和文学研究』第七六集）など

竹田志保（たけだ・しほ）【第10講】
一九七九年生まれ。学習院大学他非常勤講師。学習院大学人文科学研究科博士課程単位取得退学。博士（日本語日本文学）。専門は日本近代文学。著書『吉屋信子研究』（翰林書房）。

川本三郎（かわもと・さぶろう）【第11講】
一九四四年生まれ。評論家。東京大学法学部卒業。著書『大正幻影』『荷風と東京』（以上、岩波現代文庫）、『林芙美子の昭和』（新書館）、『白秋望景』（新書館）、『あの映画に、この鉄道』（キネマ旬報社）、『日本映画　隠れた名作』（筒井清忠氏との共著、中公選書）など。

林 洋子（はやし・ようこ）【第12講】
一九六五年生まれ。文化庁芸術文化調査官。東京大学、同大学院、パリ第一大学に学ぶ。博士（パリ第一大学）。専門は近現代美術史、美術評論。著書『藤田嗣治　作品をひらく』（名古屋大学出版会）、『藤田嗣治　手しごとの家』『藤田嗣治　手紙の森へ』（以上、集英社新書）など。

萩原由加里（はぎはら・ゆかり）【第13講】
一九七九年生まれ。帝京大学文学部日本文化学科講師。立命館大学大学院総合学術研究科一貫制博士課程修了。博士（学術）。専門は映像文化論。マンガ史。著書『政岡憲三とその時代――「日本アニメーションの父」の戦前と戦後』『政岡憲三『人魚姫の冠』絵コンテ集』（以上、青弓社）など。

井上章一（いのうえ・しょういち）【第14講】
一九五五年生まれ。国際日本文化研究センター教授。京都大学大学院工学研究科修士課程修了。修士（工学）。専門は建築史、意匠論。著書『つくられた桂離宮神話』『法隆寺への精神史』（以上、弘文堂）、『伊勢神宮』（講談社）など。

片山杜秀（かたやま・もりひで）【第15講】
一九六三年生まれ。思想史家、音楽評論家。慶應義塾大学法学部教授。慶應義塾大学大学院法学研究科後期博士課程単位取得退学。専門は近代政治思想史、政治文化論。著書『音楽放浪記　世界之巻』『音楽放浪記　日本之巻』（以上、ちくま文庫）、『音盤考現学』（アルテスパブリッシング）、『未完のファシズム』（新潮選書）など。

ちくま新書
1421

昭和史講義《しょうわしこうぎ》【戦前文化人篇《せんぜんぶんかじんへん》】

二〇一九年七月一〇日　第一刷発行

編　者　筒井清忠（つつい・きよただ）

発行者　喜入冬子

発行所　株式会社 筑摩書房
東京都台東区蔵前二-五-三　郵便番号一一一-八七五五
電話番号〇三-五六八七-二六〇一（代表）

装幀者　間村俊一

印刷・製本　株式会社 精興社

ISBN978-4-480-07240-5 C0221

ちくま新書

1319 明治史講義【人物篇】 筒井清忠編

西郷・大久保から乃木希典まで明治史のキーパーソン22人を、気鋭の専門研究者が最新の知見をもとに徹底分析。確かな実証に基づく、信頼できる人物評伝集の決定版。

1318 明治史講義【テーマ篇】 小林和幸編

信頼できる研究を積み重ねる実証史家の知を結集。20のテーマで明治史研究の論点を整理し、変革と跳躍の時代を最新の観点から描き直す。まったく新しい近代史入門。

1136 昭和史講義——最新研究で見る戦争への道 筒井清忠編

なぜ昭和の日本は戦争へと向かったのか。複雑きわまる戦前期を正確に理解すべく、俗説を排して信頼できる史料に依拠。第一線の歴史家たちによる最新の研究成果。

1194 昭和史講義2——専門研究者が見る戦争への道 筒井清忠編

なぜ戦前の日本は破綻への道を歩んだのか。その原因をより深く究明すべく、二十名の研究者が最新研究の成果を結集する。好評を博した昭和史講義シリーズ第二弾。

1266 昭和史講義3——リーダーを通して見る戦争への道 筒井清忠編

昭和のリーダーたちの決断はなぜ戦争へと結びついたのか。近衛文麿、東条英機ら政治家・軍人のキーパーソン15名の生い立ちと行動を、最新研究によって跡づける。

1341 昭和史講義【軍人篇】 筒井清忠編

戦争の責任は誰にあるのか。東条英機、石原莞爾、山本五十六ら、戦争を指導した帝国陸海軍の軍人たちの実像を最新研究をもとに描きなおし、その功罪を検証する。

983 昭和戦前期の政党政治——二大政党制はなぜ挫折したのか 筒井清忠

政友会・民政党の二大政党制はなぜ自壊したのか。軍部台頭の真の原因を探りつつ、大衆政治・劇場型政治が誕生した戦前期に、現代二大政党制の混迷の原型を探る。